Mirjam Oldenhave

Control & Copy

Flieh, wenn du kannst!

Aus dem Niederländischen
von Rolf Erdorf

COPPENRATH

Diese Übersetzung wurde finanziell unterstützt von der Stiftung zur Förderung und Übersetzung niederländischer Literatur (NLPV).

5 4 3 2 1
ISBN 978-3-8157-9271-1

Deutscher Text von Rolf Erdorf
Die niederländische Originalausgabe erschien 2007 unter dem Titel
»Control & Copy« bei Uitgeverij Ploegsma bv, Amsterdam

Einbandillustration: Jan Birck
Lektorat: Jutta Knollmann
Satz: Sabine Conrad, Rosbach
Gesamtherstellung: Westermann, Zwickau
Printed in Germany
www.coppenrath.de

Arnheim, Niederlande – 2009

»Auf den dritten Platz hat es geschafft ...«
Der Ton klang fürchterlich verzerrt, weil das Megafon viel zu laut eingestellt war. Aber der Vorsitzende unseres Leichtathletikverbands schien das offensichtlich nicht zu bemerken.
Nummer eins, lass mich bitte die Nummer eins sein!, dachte ich. Sag einfach: ›Ihr wart alle gut, aber Robert van Tricht war der Beste!‹
Ich bin nämlich Robert van Tricht.
Es war ein perfekter Tag für ein Leichtathletikturnier: trocken, nicht zu warm, nicht zu kalt. Ich war heute in Bestform gewesen und hatte sogar den nationalen Rekord über vierhundert Meter gebrochen. Aber jetzt ging es darum, wer in allen Disziplinen im Durchschnitt am besten abgeschnitten hatte. Lars beispielsweise, der konnte Kugelstoßen, das war, als würde jemand ein Katapult abschießen. Und Dylan, wenn man den erst auf seinen langen Straußvogelbeinen losrennen sah!
»Jonas de Bruin!«
Ich klatschte und schaute zu Jonas. Der stieß die Faust in die Luft, strich sich die Haare aus dem Gesicht und ging zur Ehrentribüne. Platz drei auf dem Siegertreppchen, da hatte ich auch schon oft gestanden. Ehrlich gesagt, steht man da sehr dumm. Man hat zwar den dritten Platz, aber gegenüber den Siegern ist man der Verlierer.

»Auf den zweiten Platz gebracht hat es ...«, tönte es wieder durch das Megafon.
Bitte, lass mich der Erste sein!, flehte ich stumm. Ich *musste* einfach Erster sein, ich hatte so hart trainiert und ich war heute in Spitzenform, hatte gezeigt, was ich konnte! Ich will gewinnen, ich will der Sieger sein ...
»Lars van den Berg!«
Applaus. Lars nickte und ging zur Tribüne. Ich klatschte mit, im beschleunigten Rhythmus meines Pulsschlags. Das war entweder eine schlechte Nachricht, nämlich dass ich nicht einmal unter die ersten drei gekommen war. Oder eine schrecklich, eine fürchterlich gute Nachricht ...
»Kommen wir also jetzt zum Sieger!«, schepperte das Megafon. »Er hat in diesem Turnier eine fantastische Leistung hingelegt und sogar einen nationalen Rekord gebrochen!«
Das konnte immer noch Dylan sein, der hatte heute zwei Meter drei beim Hochsprung geschafft.
»Er ist ein Sportler, auf den wir stolz sein können!«
Das traf sowohl auf Dylan als auch auf mich zu.
Ich sah, dass meine Mutter mir die Daumen drückte. Meine kleine Schwester Eva war auch da und natürlich mein Vater. Aber der war sowieso immer dabei, auch beim Training.
»Robert van Tricht!«
Yes, *yes* und noch mal *yes*! Gerade noch rechtzeitig fiel mir ein eine überraschte Miene aufzusetzen.

1

»Ich bin stolz auf dich!«, sagte meine Mutter, als wir uns auf den Heimweg machten.
Mein Vater sagte mir das mindestens dreimal am Tag, aber von meiner Mutter hörte ich das nur bei wirklich besonderen Anlässen.
»Ich dachte, Lars würde Erster werden«, meinte ich.
Meine Mutter nickte. »Der Junge hat Gorilla-Arme. Eine Kraft, einfach unglaublich!«
»Er isst auch unheimlich viele Bananen«, sagte Eva.
Ich grinste. Überhaupt musste ich die ganze Zeit über grinsen, so freute ich mich.
»Echt, ich hab's gerade noch gesehen!«, rief Eva. »Er bekam einen ganzen Strunk Bananen von seinem Vater und hat sie alle aufgefuttert.«
Ich musste wieder grinsen.
»Herzlichen Glückwunsch!«
Wir drehten uns alle vier gleichzeitig um. Ein junger Mann im Anzug stand da. Er hatte ein fröhliches Gesicht und krause Haare, blonde krause Haare.
»Ich bin Stefan Stern«, sagte er und gab mir die Hand. Über seiner Schulter hing eine blaue Sporttasche.
»Wir kaufen nichts, klar?«, flüsterte meine Mutter mir zu.

»Robert van Tricht«, sagte ich und wartete neugierig ab.
»Stefan Stern, Stefan Stern, Stefan Stern.« Meine Eltern und Eva bekamen auch die Hand. »Manchmal wartet man monatelang darauf«, sagte er dann zu meinem Vater. »Man rennt von Fußballfeld zu Turnhalle und Schwimmbad ...«
Mein Vater räusperte sich. »Ich weiß nicht so recht ...«
»Aber dann auf einmal ...«, Stefan Stern wandte sich mir zu, »... auf einmal sieht man einen echten Goldjungen und dann weiß man: Bingo, das ist er!«
»Wow, Robert«, flüsterte Eva.
Meine Mutter zeigte sich weniger beeindruckt. »Fein, vielen Dank!«, sagte sie. Sie fasste meinen Arm und wollte schon weitergehen.
»Warten Sie!«, rief Herr Stern. Er drückte mir rasch einen Prospekt in die Hand, einen Hochglanzprospekt mit Goldrand. *Tomorrow at the Top!*, stand auf der Vorderseite und darunter: *Talentförderung*. »Ruf mich einfach an.«
Er ging, ohne sich noch einmal umzudrehen, so sicher war er sich, dass wir ihm hinterherstarrten.
Meine Mutter meint immer, alle wollen einen betrügen. Hat der Bäcker Rosinenbrötchen im Angebot, sagt sie: »Und das soll ich glauben?« Den Prospekt schaute sie sich also gar nicht erst an. »Beim Parkplatz gibt es bestimmt einen Mülleimer«, sagte sie stattdessen.
»Hier steht: Investieren in die Spitzenleistungen der Zukunft!« Ich tat so, als hielte ich das auch alles für Unsinn, aber insgeheim platzte ich fast vor Stolz.
»Jaja«, murmelte meine Mutter.

»Die Stiftung *Tomorrow at the Top* wird von Regierung und Wirtschaft unterstützt«, las ich weiter. »Ihr Ziel ist es, junge Talente bis an die Spitze zu begleiten. Wir arbeiten mit den besten Trainern, den besten Coachs und den besten Dozenten zusammen.«
»Siehst du? Sie halten dir eine fette Wurst vor die Nase und sobald du zubeißt, musst du dafür bezahlen«, entgegnete meine Mutter.
Ich las weiter: »Für die Teilnehmer entstehen keinerlei Kosten ...« Mit einem breiten Grinsen schaute ich meine Mutter an. »... denn das Projekt wird unterstützt von Bla-bla-bla.«
Mein Vater riss mir sofort den Prospekt aus der Hand.
»Wieso Bla-bla-bla, was heißt hier Bla-bla-bla?«, fragte meine Mutter.
Ich hörte nicht mehr zu. Mir tanzten auf einmal Ringe vor den Augen: fünf fröhliche, bunte olympische Ringe ...
»Ich will es«, sagte ich.

Am Abend saß ich mit Eva vor dem Fernseher.
»Mama, Robert soll endlich damit aufhören!«, brüllte Eva. »Er sagt die ganze Zeit: ›Ich will es!‹«
»Ich will es!«, sagte ich.
»Robert, jetzt hör schon auf damit!«, rief meine Mutter hinter ihrer Zeitung hervor.
»Ich will es!«, sagte ich noch einmal leise.
Es war einen Tag nach dem Turnier. Mein Vater und ich hatten sofort im Internet nachgeschaut. *Tomorrow at the Top* interessierte sich nicht nur für Sportler, sondern auch für

Kinder, die zum Beispiel sehr musikalisch waren oder besonders gut zeichnen konnten. Man musste nur für irgendwas viel Talent haben. Die Teilnehmer wurden ein Wochenende lang genau beobachtet und untersucht und danach bekamen sie einen persönlichen Coach zugewiesen.
Mein Vater hatte den nationalen Sportbund angerufen, ich hatte mit meinem Trainer gesprochen ... Alle sagten, ich solle es tun, ich solle die Chance ergreifen. Es sei zwar ein neues Projekt, aber es mache einen guten Eindruck.
Alle sagten das ... alle außer meiner Mutter. »Die Sache stinkt«, meinte sie. »Bestimmt gibt es dabei einen gewaltigen Haken. Am Ende musst du ein Leben lang dein Preisgeld mit ihnen teilen, wetten?«
»Trotzdem will ich es.«

Am Montagabend hatte ich wieder Training.
»Robert, du kommst zu spät«, warnte mich mein Vater.
»Ich geh nicht hin«, sagte ich.
Meine Mutter sah gerade Nachrichten. Sie zog eine Augenbraue in die Höhe, schaute aber einfach weiter.
»Du gehst nicht?«, fragte mein Vater verwundert.
Ich schüttelte den Kopf. »Es hat ja doch keinen Sinn. Ich trainiere wie blöd, aber wirklich bis an die Spitze vorstoßen darf ich nicht!« Ich hatte mir diesen Satz vorher zurechtgelegt, entsprechend schlecht geschauspielert hörte er sich an.
»Ach, so meinst du das«, sagte mein Vater.
Meine Mutter schaute weiter stur geradeaus auf den Fernseher, wo mittlerweile der Wetterbericht lief. Da wusste ich

sicher, dass sie mir zugehört hatte, denn beim Wetterbericht schaltete sie sonst immer ab.
»Also ...«, begann ich.
Erst jetzt machte meine Mutter den Fernseher aus. »Du unterschreibst nichts«, sagte sie. »Keine Unterschrift, kein Namenszeichen unter irgendwas, noch nicht einmal einen Fingerabdruck bekommen sie von dir!«
Bei ihr bedeutete das: Okay, wenn du es unbedingt willst, dann meinetwegen.

Gleich am nächsten Morgen rief ich bei *Tomorrow at the Top* an.
»He, hallo, Robert!«, sagte eine Frau, als hätte sie schon auf meinen Anruf gewartet. »Herzlichen Glückwunsch, dass du es in unsere Auswahl geschafft hast! Wirklich großartig für dich!«
Ich war mit einem Mal ganz schüchtern. »Vielen Dank ... ich rufe nur an, um zu sagen, dass meine Eltern einverstanden sind ...«
»Also stell dir mal vor, sie hätten es nicht erlaubt!« Sie musste lachen. »Das ist, als hättest du im Lotto gewonnen und dürftest den Gewinn nicht annehmen!«
Ich lachte ein bisschen mit. Sie kannte eindeutig meine Mutter nicht!
Dann erzählte sie, wo ich hinkommen und was ich mitbringen sollte und so. Man würde mich ein ganzes Wochenende lang untersuchen und danach würde ein spezieller Coach für mich ausgewählt. Ich konnte ihr kaum zuhören,

denn erst jetzt wurde mir so richtig klar, was ich da für eine Chance bekam. Es war eine absolute Ehre, dass sie mich ausgewählt hatten, und unsere anfänglichen Zweifel waren einfach lächerlich! Ich war auf einmal so stolz, dass mir die Ohren glühten.

Zum Glück sagte sie, man würde mir alle Informationen auch noch einmal zuschicken. »Dann sehen wir dich also am Vierzehnten! Es gibt noch drei weitere Glückspilze, die lernst du dann ebenfalls kennen. Ach ja, noch etwas sehr Wichtiges: Bring Kinderfotos von dir mit, so viele du nur hast. Je mehr, desto besser.«

»Okay«, sagte ich. »Und danke nochmals!«

2

Ich dachte schon, der 14. Oktober würde nie kommen, so träge verging die Zeit, aber dann war es plötzlich doch so weit. Um zehn Uhr sollte ich bei einer Adresse irgendwo in einer entlegenen Polderlandschaft sein. Mein Vater würde mich hinbringen.

An der Haustür verabschiedete ich mich von meiner Mutter. »Und denk daran, dass du mir nichts unterschreibst!«, sagte sie.

Wenn jemand etwas zum ungefähr neuntausendsten Mal sagt, braucht man darauf nicht mehr zu antworten, also gab ich ihr einfach einen Kuss, winkte Eva zu und stieg ins Auto. Ich war noch nervöser als vor einem wichtigen Wettkampf. Hatte dieser Stefan Stern mich nicht doch überschätzt? Würde ich vielleicht eine Riesenenttäuschung für die Leute sein? Waren die drei anderen auch nett und würden sie *mich* nett finden ...?

»Es ist noch überhaupt nicht ausgemacht, dass du später ein Spitzensportler wirst, auch nicht nach diesem Wochenende«, sagte mein Vater auf einmal. »Dir stehen nach wie vor alle Wege offen, erst recht mit deinen guten Noten.«

An seinem Tonfall hörte ich, dass meine Mutter ihm aufgetragen hatte, das zu sagen. Ich antwortete nicht. Für mich stand fest, dass ich Spitzensportler werden würde! Ich war dafür geboren, Leichtathletik war mein Leben.

»Bitte nach achthundert Metern rechts abbiegen und die Autobahn verlassen«, sagte das Navi.

»Zum Kuckuck, wohin schickt uns das Ding?«, murmelte mein Vater.

Dann sagten wir eine Zeit lang nichts. Es wurde immer kahler um uns herum, als ließen wir die bewohnte Welt mehr und mehr hinter uns. Ich sah nichts als Felder und Wiesen und ganz in der Ferne ein längliches Gebäude, das wie ein großer weißer Strich in der Landschaft stand.

Mein Vater schaute auf den Navi-Bildschirm, dann auf das Gebäude und anschließend wieder auf das Navi. »Ich glaube, das da vorne ist es«, murmelte er verwundert. »Sieht eher wie eine alte Lagerhalle aus.«

»Sie haben Ihr Ziel erreicht!«, tönte das Navigationsgerät fröhlich.

Und tatsächlich, wir standen vor dem Gebäude. Sehr einladend sah es nicht gerade aus. Es war eigentlich ein weißer Schuppen hinter einem großen, sehr hohen Zaun. Die Fenster des Schuppens hatte man nachlässig mit ein paar alten Brettern vernagelt. Weit und breit keine Sportplätze oder Rennbahnen. Hier sollten die größten Nachwuchstalente gefördert werden?

»Schön ist was anderes«, sagte ich mit einem misslungenen Lächeln.

Mein Vater schaute besorgt zu dem Gebäude, während er auf die Fernsteuerung drückte, um das Auto abzuschließen.

»Vielleicht ist es ja von innen besser in Schuss«, sagte er zögernd.
Schweigend gingen wir zum Eingang.
»Pa, wenn es mir nicht gefällt, dann muss ich doch nicht das ganze Wochenende hierbleiben?«, fragte ich.
Die Eingangstür war nur angelehnt. Ein Din-A4-Blatt, auf das jemand *Tomorrow at the Top* gekritzelt hatte, klebte daran.
»Natürlich nicht!«, antwortete mein Vater. »Wenn es nichts ist, komme ich sofort und hole dich hier weg. Du hast dein Handy doch dabei?«

»Mobil telefonieren ist in diesem Gebäude leider nicht möglich«, sagte uns Stefan Stern eine Viertelstunde später. Er trug wieder einen Anzug und schien noch besser gelaunt als nach dem Leichtathletikturnier, so strahlte er.
Unsere Eltern waren weg und wir saßen nun zu viert in einer Art Klassenraum mit Schulbänken. Wegen der zugenagelten Fenster drang kein Licht von außen herein, dafür brannten überall Neonröhren. Mein Vater hatte leider nicht recht behalten: Auch von innen war das Gebäude alles andere als luxuriös oder modern. Es gab einen einzigen Flur und der war ungefähr vierhundert Meter lang. Links befanden sich lauter Türen und rechts Wand, Wand, Wand; nur bei der Außentür gab es noch einen kleinen Eingangsbereich.
Die zwei Mädchen in unserer Gruppe waren beide so was von schön, ich konnte den Blick gar nicht von ihnen wenden. Die eine hatte braune Haare und blaue Augen und hieß

Nina. Sie saß schräg vor mir, also konnte ich ganz einfach zu ihr rüberlinsen. Sie war witzig und cool und hübsch und umwerfend. Das andere Mädchen saß direkt vor mir. Sie sah aus wie die braune Barbiepuppe meiner kleinen Schwester, vielleicht wegen ihrer Kleidung. Sie wirkte ein klein wenig zickig, war aber auch sehr, sehr schön. Richtig nervös machte mich das.

»Ja, Barbara?«, sagte Stefan, als das dunkle Mädchen den Finger hob.

Ach, leicht zu merken: Barbara-Barbie.

»Wieso können wir nicht telefonieren?«, fragte Barbara argwöhnisch.

»Es gibt keinen Empfang. Wir haben hier sehr viele moderne Messgeräte, die vertragen die Strahlung nicht«, antwortete Stefan immer noch lächelnd. »Deshalb haben wir das Mobilfunknetz blockiert. Wir können zwar noch über Satellit telefonieren, aber das geht nur im Notfall.«

Nina fiel fast vom Stuhl. »Ohne mein Handy kann ich nicht leben!«, rief sie. »Mein Handy, das ist mein ... Herz!«

Wir mussten lachen, weil sie so eine Show daraus machte.

»Ich denke, du wirst es überleben, Nina«, antwortete Stefan.

»Aber ich habe versprochen, dass ich anrufe!«, sagte sie.

»Wem denn?«

»Na ja, meinen Eltern, meinen Geschwistern, meinen Freundinnen, dem Hund ...«

Jetzt musste auch Stefan lachen. »Die kommen bestimmt auch mal ein Wochenende ohne dich aus.«

»Können wir nicht vor die Tür gehen und telefonieren?«, fragte ich.
Stefan schüttelte den Kopf. »Man muss sehr weit laufen, ehe es wieder funktioniert. Wir haben hier eine Teleskopschüssel installiert, die sämtliche Strahlung absorbiert. Wir dürfen mit unserer Apparatur keine Risiken eingehen.«
»Wieso Apparatur? Was habt ihr alles mit uns vor?«, rief Nina.
Stefan war mit einem Schlag wieder ernst. »Ich möchte, dass euer Talent eine Chance bekommt.«
Ui, dachte ich, die gehen wirklich mit sehr viel Sorgfalt vor!
Barbara drehte sich um. »Mal ausprobieren, wie ist deine Nummer?«, fragte sie mich leise. Ich nannte sie ihr, während Stefan weiterredete: »Wie ihr wisst, werdet ihr getestet. Körperlich und psychologisch, und zwar so lange, bis wir euch durch und durch kennen. Und danach schneidern wir für jeden von euch das richtige Konzept, mit dem er es bis ganz nach oben schafft.«
Stefans Vortrag dauerte um einiges länger, aber ich hörte bald nur noch halb hin. Alles lief sowieso immer auf das eine hinaus: Ihr habt unheimlich viel Talent und das wollen wir fördern.
»Empfängst du was?«, flüsterte Barbara.
Ich schaute auf mein Handy. *Nur Notruf möglich*, stand da. Das bedeutete, dass ich tatsächlich keinen Empfang hatte.
»Dann stimmt es also«, sagte Barbara.
Da fiel mir ein kleiner Briefumschlag auf meinem Bildschirm auf, bestimmt noch eine SMS von heute früh. Mal sehen ...

Psst, nicht weitersagen, Bluetooth funktioniert noch!

Barbara wandte sich noch einmal zu mir um und zwinkerte mir geheimnisvoll zu. Dann schaute sie rasch wieder nach vorn, damit Stefan nichts bemerkte.

Der hatte einen Stapel Papiere aus seiner Tasche geholt. »Okay, Leute, fangen wir mit ein paar Mathematikaufgaben an, um eure Intelligenz zu testen. Max, verteilst du mal kurz?«

Max schien nett zu sein. Er war ein dunkelhäutiger Junge und sah aus wie ein Sänger oder Rapper. Ein Sportler war er jedenfalls nicht, das sah ich gleich.

Stefan ging zur Tür. »Wir sehen uns in einer Viertelstunde wieder. Die Toilette ist gleich nebenan. Viel Erfolg! Und nicht beim andern abgucken, klar?« Er zwinkerte uns zu und verschwand.

Ich beugte mich über den Test. *Die Familie Schmidt besteht aus Vater, Mutter und mehreren Kindern. Das Durchschnittsalter aller Familienmitglieder beträgt 18 Jahre. Ohne den 38-jährigen Vater beträgt das Durchschnittsalter lediglich 14 Jahre. Wie viele Kinder hat die Familie?*

»Sonst noch was?«, rief Nina. »Ich bin doch keine Hellseherin, woher soll ich wissen, wie viele Kinder die Leute haben? Ist mir außerdem völlig schnuppe. Ich kenne diese Familie Schmidt ja überhaupt nicht!«

Es war, als würde sie in einer Comedy-Serie mitspielen; Nina war verdammt witzig.

»Was ist dein Talent?«, wollte Barbara von Nina wissen.
»Singen und Tanzen«, antwortete Nina. »Ich hoffe auf einen Plattenvertrag und Stefan sagte, daraus würde in jedem Fall was. Und du?«
Irgendwas mit Pferden, riet ich schnell.
»Ich war Zweite im Landeswettbewerb für Computerprogrammierung«, sagte Barbara.
Okay, da lag ich mit meinen Pferden ganz schön daneben!
»Und was musste man da tun?«, fragte ich. »Computerspiele spielen?«
Max war der Einzige, der eifrig vor sich hin rechnete.
Barbara schüttelte den Kopf. »Man bekommt eine Art algorithmisches Problem und für das muss man auf dem Computer ein Programm schreiben.«
Nina nickte. »Algorithmisch, na klar, hatte mir schon so was gedacht.«
»Und daran beteiligen sich nur Kinder, die gut am Computer sind?«, fragte ich.
Barbara schüttelte den Kopf. »Erwachsene.«
»Und du bist Zweite geworden? *Oh my god!*«, rief Nina. Dann drehte sie sich zu mir um. »Und du?«
»Leichtathletik«, sagte ich. »Ich habe den Landesrekord über vierhundert Meter gebrochen.«
Nina starrte vor sich hin. »Vierhundert Meter, das sind ungefähr ...«
»Der Flur hier draußen, das sind ungefähr vierhundert Meter«, sagte ich. »Die Strecke laufe ich in fünfzig Komma vier Sekunden.«

Noch bevor ich zu Ende gesprochen hatte, bereute ich es, das gesagt zu haben. Ich klang ja wie ein Angeber!
»Das wären also abgerundet sieben Meter neunzig pro Sekunde.« Max schob den Test von sich weg. »Fertig!«
Wir schauten ihn alle drei verdattert an.
»Was denn?«, fragte er verlegen.
»Lass mich raten«, sagte Nina. »Dein Talent ist Rechnen.«
»Internationale Mathematik-Olympiade«, sagte Max leise.
»Perfekt!« Nina stand auf, setzte sich neben ihn und schrieb zufrieden all seine Ergebnisse ab.

3

Nach einer Viertelstunde kam Stefan wieder herein. »Kein schlechter Test, was?«, fragte er.
»Ach, ging so«, sagte Nina, die wieder brav an ihrem Platz saß.
Ich hatte mich wirklich angestrengt, aber wahrscheinlich trotzdem einige Fehler gemacht. Na und?, dachte ich. Mathematik hat nichts mit Wettrennen zu tun. Und meine Durchschnittsgeschwindigkeit rechnet der Computer für mich aus.
»Robert, du kommst mit zum Fotografen«, sagte Stefan, während er die Blätter einsammelte. »Max darf zur medizinischen Untersuchung und Barbara, du gehst ins Studio.«
»Und ich?«, fragte Nina.
»Du bleibst hier, du musst den Test nämlich noch einmal machen. Aber diesmal, ohne abzuschreiben!« Er zwinkerte ihr zu.
»*What the …*«, begann Nina fassungslos.
Ich ließ meinen Blick rasch durch den Raum schweifen. Gab es hier ein Fenster oder ein Guckloch, hingen irgendwo Kameras?
»Ach du Scheiße!«, rief Barbara und ich fand, dass das aus ihrem Mund ganz schön eigenartig klang. Aber ich sah so-

fort, was sie meinte. In der Zimmerdecke war eine kleine Metallkugel angebracht, in der ein winziges rotes Licht blinkte. Eine Überwachungskamera!

»Ja, wir sehen alles«, meinte Stefan stolz. »Wir wollen euch durch und durch kennenlernen. Je mehr wir von euch wissen, desto besser können wir euch anschließend fördern. So planen wir für euch den schnellsten Weg an die Spitze. Robert, kommst du?«

»Oh la la, was für ein Körper, und dann dieser Torso!« Der Fotograf ging langsam um mich herum und betrachtete mich wie ein nagelneues Auto. Er hatte eine Glatze, einen schwarzen Schnurrbart und hellblaue Augen. »Den werden wir mal richtig schön in Szene setzen«, sagte er und rieb sich die Hände.

Er sprach nicht mit mir, sondern mit seiner Assistentin. Ich kam mir vor wie ein Kalb auf dem Viehmarkt.

»Wozu müssen eigentlich Fotos gemacht werden?«, fragte ich vorsichtig.

»Schöner langer Hals«, murmelte der Fotograf. Er drückte leicht gegen mein Kinn, sodass mein Kopf nach oben ging.

Vielleicht hatte er mich nicht gehört. »Wozu ist das nötig?«, fragte ich etwas lauter.

»Ich will ihn ganz hell ausgeleuchtet haben«, sagte der Fotograf, während er mir in den Oberarm kniff.

Ich schaute fragend zu der Assistentin.

»Du musst lernen dich zu präsentieren«, erklärte sie mir mit einem Lächeln. »Wenn du demnächst ganz oben stehst, kannst du keinen Schritt mehr machen ohne Kameras um dich herum.«

Das erschien mir zwar ganz schön übertrieben, aber na gut. Übrigens erkannte ich ihre Stimme wieder, ich hatte mit ihr telefoniert, als ich bei *Tomorrow at the Top* angerufen hatte, um mich anzumelden.

»Okay, mein Lieber, raus aus den Klamotten«, sagte der Fotograf, während er ein Riesending von Kamera in die Hand nahm.

Ich schaute erschrocken zu der Assistentin. »Ich soll mich ausziehen?«

Darüber mussten sie herzlich lachen. Ich konnte die zwei auf Anhieb nicht ausstehen!

»Deine Unterhose darfst du anbehalten«, sagte die Assistentin schnell.

Es dauerte über eine Stunde, ehrlich, über eine Stunde habe ich mich zum Affen gemacht! Tausende Fotos wurden geschossen: im Stehen, im Sitzen, im Liegen, in der Hocke, auf den Knien ... Ganz kirre hat mich das gemacht! Mindestens hundertmal habe ich gefragt, wozu das Ganze gut wäre, aber sie antworteten mir einfach nicht. Wenn ein Stück Vieh auf dem Markt vor sich hin blökt, dann blökt man doch auch nicht zurück? Etwas in der Art werden sie sich wohl gedacht haben.

»Ganz prima, mein Lieber«, sagte der Fotograf am Schluss. »Morgen noch eine Session für die Details und dann ist alles tipptopp. Wir machen eine supertolle Collage daraus.« Er nickte in Richtung des Schreibtischs, der in der Ecke stand.

Erst jetzt sah ich, dass da mein Album mit den Kinderfotos lag.
Na ja, für irgendwas wird das alles ja wohl gut sein, dachte ich mir.

Die Assistentin brachte mich zurück. »Wirklich eine prächtige Ladung dieses Jahr«, sagte sie, als wir durch den langen Flur gingen.
»Macht ihr das hier denn nicht zum ersten Mal?«, fragte ich erstaunt.
»Doch, doch! Das meinte ich ja damit«, plapperte sie schnell darüber hinweg und dann waren wir auch schon bei unserem Raum angekommen. Ohne ein weiteres Wort ließ sie mich stehen.
Nina war allein im Raum. Sie hatte die Tische zur Seite geschoben und tanzte Breakdance. Wirklich klasse! Ich hatte so etwas noch nie gesehen, sie schien aus Gummi zu sein wie eine durchgedrehte, vollelastische Puppe.
Sie keuchte und der Schweiß stand ihr auf der Stirn. »Ich dachte, wenn es schon überall Kameras gibt, dann will ich es ihnen auch zeigen!«
Richtig, die Kameras. Ich schaute schnell zur Decke und es war, als hätte mir das rote Lämpchen sogleich zugezwinkert.
Wir setzten uns auf die Tische, die sie nach hinten in den Raum geschoben hatte.
Dann kam Barbara herein. »Hallo, ich bin Barbara!«, begrüßte sie uns zuckersüß.
Nina und ich schauten sie verwundert an.

»Das musste ich ungefähr vierhundertmal ins Mikrofon sagen«, erklärte Barbara. »Hoch, tief, brav, frech, leise, laut ... Hallo, ich bin Barbara, hallo, ich bin Barbara! Sogar auf Spanisch!«

»Bestimmt, damit du lernst dich zu präsentieren«, sagte ich.

»Das haben sie tatsächlich behauptet. Ich sollte auch singen, aber das kann ich überhaupt nicht. Ich klinge eher wie eine jaulende Katze.«

»Und, hast du was aus Cats vorgetragen?«

»Nein, viel schlimmer: *Alle meine Entchen!* Mir fiel so schnell nichts Besseres ein.« Barbara schaute Nina überrascht an. »Du schwitzt ja vielleicht!«

»Das kommt von dem Mathetest. Mann, war der schwer!«, antwortete Nina. Sie stand auf und legte einen Streetdance hin, während sie *Alle meine Entchen* rappte. War das ein blödes Lied! Aber so, wie sie es brachte, hätte es direkt ins Fernsehen gekonnt.

Ach, ist doch auch schnurzpiepegal, dachte ich. Selbst wenn dieser ganze *Tomorrow-at-the-Top*-Kram nichts weiter als Schwindel ist, wird es bestimmt trotzdem ein nettes Wochenende!

Nach einer Weile war Max auch wieder da. »Stefan selbst ist unser Arzt«, erzählte er.

»Was? Wie ein Arzt sieht der nun wirklich nicht aus!«, rief Nina erstaunt.

»Vielleicht tut er ja auch nur so. Wir sollten nicht alles glauben, was sie uns hier erzählen«, sagte ich.

Barbara stieß mich an und zeigte auf die Kamera an der Decke. *»Big brother is watching you«,* warnte sie mich. »Spybox, ich kenne das System.«
»Und was musstest du tun?«, fragte Max mich.
Ich erzählte von dem Fotografen. Die anderen prusteten los, als ich den Typen mit seinem Tipptopp nachmachte, nur Barbara wandte sich zur Tür.
»Ich gehe und suche Stefan, ich will wissen, weshalb wir all diese Dinge tun müssen.«
Erst schien es so, als würde sich die Tür automatisch für sie öffnen, aber das lag nur daran, dass Stefan zufällig gerade hereinkam. Ach was, zufällig, sie beobachteten uns natürlich auf ihrem Bildschirm!
»Alles so weit okay?«, fragte er.
»Klar, alles tipptopp!«, scherzte Nina.
»Nein«, sagte Barbara. »Ich verstehe nicht, wieso ihr so viel von uns wissen müsst.«
Stefan schnalzte mit der Zunge. »Nehmt euch mal einen Stuhl, Leute«, sagte er. Er selbst setzte sich auf einen der Tische und wir bildeten einen Kreis um ihn.
»Wer von euch weiß, wie die Regenbogenpresse funktioniert?«, begann er.
Nun ja, kurz gesagt: In kaum fünf Minuten hatte er uns wieder überzeugt, mich jedenfalls. Wenn man ganz oben ist, wird über einen getratscht, darauf lief es hinaus. Man brauchte bloß mal irgendwann einen Zug von einer Zigarette genommen zu haben und schon schrieben sie, man wäre früher drogensüchtig gewesen. Und wenn man mal weinte,

machten sie gleich ein Foto von einem. Und das veröffentlichten sie dann unter der Schlagzeile, man würde weinen, weil man schwanger sei. Oder so ähnlich.

»Wenn man ganz oben ist, dann lauert die Klatschpresse einem überall auf«, sagte Stefan.

»Das stimmt tatsächlich!« Nina nickte. »Idole haben kein Privatleben, wisst ihr?«

Stefan zwinkerte ihr zu. »Und deshalb müssen wir alles von euch wissen. Alles. Damit euer Coach euch später verteidigen kann.«

»Aber ... aber das gilt doch nur für Filmschauspieler und Popstars!«, entgegnete Barbara. »Ich will später Computerprogramme entwickeln. Damit wird man bestimmt keine nationale Berühmtheit! Man arbeitet im Hintergrund!«

Stefan schüttelte den Kopf. »Das war früher so. Aber ihr seid die Spitzenleute der Zukunft. Und in der Zukunft steht keiner von euch mehr im Hintergrund, sondern nur noch ganz vorne! Alle haben euch auf dem Schirm. Auf ihrem Bildschirm!« Über diesen blöden Scherz lachte er sehr lange.

»Okay, Barb'?«, fragte er, nachdem er sich wieder eingekriegt hatte.

Barbara nickte zögerlich.

»Schön«, sagte Stefan und stand auf. »Gut, Leute, ich besorge euch jetzt was zu essen. Max, du darfst mitkommen. Vergiss deine Tasche nicht, du fährst nämlich zurück nach Hause.«

4

Stefan ging in den Flur und kam sofort mit einer großen weißen Kiste wieder. Uns allen stand der Mund offen, und zwar wegen Max.

»Belegte Brötchen, was zu trinken *und* was Leckeres als Zugabe.«

»*Shit,* Mann!«, sagte Nina mit einer hohen Stimme. »Was muss er ... warum muss er ...«

»Max hat den Gesundheitstest nicht ganz so geschafft, wie er sollte«, erklärte uns Stefan freundlich.

Sein ewiges Lächeln ging mir mit einem Mal unglaublich auf die Nerven.

»Hab ich was, bin ich krank?«, fragte Max erschrocken.

»Hm, nein ... so würde ich das nicht nennen«, antwortete Stefan. »Aber hier und da gab es schon ein paar kleinere Fehler, das weißt du ebenso gut wie ich.«

Wir schauten alle zu Max, genau wie der Fotograf mich vorhin angesehen hatte. Als wäre er ein interessantes Ding, ein Ding mit hier und da ein paar kleineren Fehlern.

»Holst du schon mal deine Tasche?«, fragte Stefan.

Max stand langsam auf.

»Leute, nehmt euch ein Brötchen, die sind lecker und stehen nicht umsonst hier!«, sagte Stefan. »Nach der Pause darf

Robert zum Zahnarzt, Barbara zum Fotografen und Nina zum Doktor.«
»Max, was hast du denn?«, fragte Barbara schnell.
»Ach nichts, macht euch meinetwegen keine Sorgen.«
Stefan stupste Max sanft gegen die Schulter. »Kommst du? Deine Eltern sind schon verständigt. Wir bringen dich in die nächste Stadt, dort holen sie dich ab.«
»He, hallo! Was soll das, wieso muss er fort?!«, rief Nina.
Stefan hielt ihm schon die Tür auf.
»Max, sag, was du hast!«, zischte Barbara.
»Ich höre auf meinem rechten Ohr nicht mehr ganz so gut und ich habe Plattfüße«, antwortete Max. Er zuckte mit den Schultern und ging zu Stefan. »Ist mir ganz recht, ich fand das ganze Getue hier sowieso ziemlich albern«, sagte er.
Wir waren zu verdattert, um ihm richtig auf Wiedersehen sagen zu können.

»Tja, wenn man Plattfüße hat, kann man natürlich keine komplizierten Brüche ausrechnen«, meinte Barbara, nachdem wir fünf Minuten lang geschwiegen hatten. Sie schaute zu dem Auge in der Decke und sagte: »Ich kapiere wirklich nicht die Bohne von alledem hier. Für Mathe braucht man doch bloß ein gutes Gehirn?!«
Nina ging neugierig zu der Kiste, die Stefan uns hingestellt hatte.
Eigentlich wurde mir erst jetzt so richtig klar, dass sie Max weggeschickt hatten. »Das heißt ... er muss nach Hause?«, fragte ich staunend.

Nina steckte ihre Nase in die Kiste. »Jetzt gibt's was zu futtern!«, sagte sie. »Brötchen und Getränkedosen und Schokolade, aber ich mag leider nur weiße Schoko.«
»Ist es dir denn völlig egal, dass Max fortmuss?«, fragte Barbara irritiert.
Nina stemmte die Hände in die Hüfte und schaute Barbara grimmig an. »Ich will an die Spitze, das ist alles«, sagte sie. »Ich will ein Idol werden, nicht nur hier bei uns, sondern in der ganzen Welt. Ich will, dass alle mich kennen, dass alle MP3-Player in der ganzen Welt *meine* Musik spielen. Und ich weiß, ich kann das, aber dazu brauche ich *Tomorrow at the Top*. Denn mit Talent allein schaffst du es nicht. So, mehr habe ich dazu nicht zu sagen.«
Sie nahm sich eine Cola und ein belegtes Brötchen und ging wieder zurück zu ihrem Tisch. Nein, sie *tanzte* zu ihrem Tisch. Nina konnte meiner Meinung nach überhaupt nicht normal gehen.
»Max ist nicht perfekt, wisst ihr«, sagte sie. »Und wer ganz nach oben will, *muss* perfekt sein.«

Mein Essen schmeckte mir nicht und das lag nicht an dem Brötchen. Außerdem stand mir auch noch dieser Gesundheitstest bevor. Was sie bei mir wohl alles entdeckten?
Barbara hat recht, dachte ich. Selbst wer körperlich ein Wrack ist, kann immer noch Mathematikprofessor werden. Aber Olympiasieger, wie perfekt musste man erst dafür sein? Soweit ich wusste, fehlte mir nichts. Na ja, auf dem einen Bein hatte ich eine große Narbe, weil ich damit mal

in einem Stacheldraht hängen geblieben war. Zählte das genauso wie Plattfüße?

»Ich hab einen hellen Pigmentfleck auf dem Bauch« sagte Barbara. Sie schaute zur Decke, zu dem blinkenden Auge. »Damit ihr das schon mal wisst!«, fügte sie laut hinzu.

Wahrscheinlich dachten wir alle gerade dasselbe. Waren wir auch perfekt genug für *Tomorrow at the Top*?

Um ein Uhr stand Stefan wieder frisch und strahlend in der Türöffnung. »Okay, meine kleinen Champions, weiter geht's. Immer mir nach!«

Im Flur ging Barbara neben mir her. »Irgendwas stimmt hier nicht«, sagte sie leise.

Ich schaute sie verwundert an.

Dann zeigte Stefan auf eine Tür. »Robert, hier ist der Zahnarzt. Nur zu!«

»Alles Gute bei dem Quacksalber«, sagte Barbara laut und dann flüsterte sie noch schnell: »Sie haben irgendwas anderes mit uns vor!«

In dem Raum stand kein richtiger Zahnarztstuhl, sondern einfach nur ein bequemer Gartenstuhl. Logisch, sie mussten ja auch bloß nachsehen, sie würden mich nicht behandeln. Außerdem war da noch ein Tisch mit zwei Stühlen. Eine Assistentin fehlte diesmal. Der Zahnarzt gab mir kurz die Hand und band sich dann einen grünen Mundschutz vors Gesicht.

»Mal Looky-Looky machen«, sagte er. Er war wohl genauso ein Scherzkeks wie Stefan.

Ich legte mich in den Stuhl und öffnete den Mund.

»Noch keine Löcher, wie schön! Und deine Zähne stehen auch alle gerade. Halt, warte mal ... hier wurde einer gezogen. War das wegen einer Zahnspange?«
Ich nickte.
Er machte noch eine ganze Weile lang so weiter, auch mein Zahnfleisch wurde genau untersucht und von meinem Gebiss schoss er mindestens vier Fotos.
Sie haben irgendwas anderes mit uns vor.
Aber was? Ich ging alles noch einmal durch, angefangen bei dem Moment, als Stefan Stern sich mir vorgestellt hatte. Seltsam genug war schon, dass wir unsere Handys nicht benutzen durften. Und dass Max wieder fortmusste, und die ganzen Kameras, und die Assistentin, die gemeint hatte, dieses Jahr wäre es eine prächtige Ladung ...
»Prima!« Der Zahnarzt nahm seinen Mundschutz ab und setzte sich an den Tisch.
»Darf ich jetzt gehen?«, fragte ich.
Er schüttelte den Kopf und zeigte auf den Stuhl gegenüber. »Noch ein paar kleine Fragen.«
Ein paar kleine Fragen, das waren, wie sich herausstellte, fast hundert. Und alle drehten sich um meine ehemalige Zahnspange!
»Hast du deine Jugendfotos schon abgegeben?«, fragte er.
Ich nickte. »Sie liegen beim Fotografen.«
»Hast du ein gutes Foto von deinem Gebiss, bevor du die Zahnspange bekamst?«
»Ich trage längst keine Zahnspange mehr«, sagte ich. »Schon über zwei Jahre nicht!«

Er wiederholte seine Frage in genau demselben Tonfall wie beim ersten Mal.

»Nein«, antwortete ich. »Ich hab mich geschämt wegen des einen schiefen Zahns, also habe ich den Mund immer zugelassen.«

Er nickte zum Zeichen, dass er das verstand. Dann schob er mir ein Blatt Papier hin. »Zeichne mal, wie deine Zähne vor der Spange ausgesehen haben.«

Ich erinnerte mich nicht mehr genau, also malte ich irgendwas hin.

»Nanu«, wunderte er sich, »du schreibst mit links? Weiß das hier schon jemand?«

»Ich glaube nicht«, antwortete ich. »Aber es ist nur beim Schreiben, beim Sport bin ich Rechtshänder, es ist also unwichtig.«

Ich wusste nicht einmal, ob er mich gehört hatte, denn plötzlich tippte er eifrig auf einem kleinen Laptop herum. Dann besah er sich meine Zeichnung. »Aha, also dein rechter vorderer Schneidezahn hat vor deinem linken gestanden?«

Ich nickte.

»Um die Hälfte, das heißt, nicht um ein Drittel?«

Ich schüttelte den Kopf.

»Man sah also noch ein Stück von deinem linken vorderen Schneidezahn?«

Ich musste lachen, aber er starrte weiterhin todernst auf die Zeichnung.

»Ich bin hier wegen *Tomorrow at the Top*«, sagte ich sicherheitshalber.

Er nickte. »Wie lange hast du die Zahnspange getragen?«
Was sollte das? Gut, dass Nina schöne Zähne haben musste, konnte ich ja noch verstehen, aber ich? »Ein Jahr. Aber äh ... ich bin wegen Leichtathletik hier, das heißt, es ist völlig egal, wie meine ...«
»Wie alt warst du, als du sie bekommen hast?«
Sie haben irgendwas anderes mit uns vor ...
Als er alles, aber auch wirklich alles über meine Spange wusste, stand der Zahnarzt auf. »Ich bringe dich schnell zurück«, sagte er, während er mir die Tür aufhielt.
»Ich kann schon ganz gut alleine laufen«, erwiderte ich.
Er lachte laut. »Ja, das habe ich gesehen! Laufen kannst du, mein Gott, und wie du laufen kannst! Trainierst du viel?«
Aha, er wusste also sehr wohl, dass ich Leichtathlet war! »Wieso haben Sie das gesehen? Und wo?«, fragte ich.
Er schloss die Tür mit einem silbernen Schlüssel hinter sich ab, den er anschließend sorgfältig in seiner Hosentasche verstaute. »Ich meine, ich habe die Zahlen gesehen, deine Zeiten und die Distanzen.«
Sehr verrückt, er war viel älter als ich und außerdem Zahnarzt, und doch wusste ich mit Sicherheit, dass er log.
»Was hat meine Zahnspange eigentlich mit Leichtathletik zu tun?«, fragte ich.
»Je mehr wir über euch wissen, desto gezielter können wir euch anschließend fördern«, sagte er.
Ja klar, den Satz kannte ich inzwischen auswendig. »Aber dann kann man mich ja alles fragen!«, rief ich. »Ob ich oft zum Friseur gehe, ob ich am Daumen gelutscht habe ...«

Sofort blieb er stehen. »Du hast Daumen gelutscht?«, fragte er schockiert. »Früher? Vor der Zahnspange? Oder war es danach?«

Ich seufzte tief. »Ich war kein Daumenlutscher und zum Friseur gehe ich auch nicht gerade oft!«, gab ich zurück.

5

Als ich wieder in unseren Raum zurückkam, war nur Barbara noch da. Sie saß auf einem Stuhl und starrte wütend vor sich hin.
Ich erschrak, als ich sah, dass sie ihre Tasche auf dem Schoß hatte. »Musst du etwa auch weg?«, fragte ich.
Sie nickte. »Wegen des Pigmentflecks auf meinem Bauch.«
»*Was?*«
»Ach Quatsch, kleiner Scherz«, sagte sie. »Ich will selbst weg. Die sind total behämmert, vollkommen bekloppt sind die hier.« Sie tippte sich an die Stirn. »Mehr als hundert Fotos haben die von mir gemacht, dabei will ich doch nur Computerprogramme schreiben! Ich will später die Mafia im Internet bekämpfen, kriminelle Netzwerke aufspüren, solche Sachen. Dann muss man doch gerade unbekannt bleiben! Ich will nach Hause, ich traue dem Ganzen hier einfach nicht. Die haben garantiert etwas ganz anderes mit uns vor.«
Ehe ich antworten konnte, ja sogar ehe ich überhaupt darüber nachdenken konnte, kam Stefan herein. »Alles in Ordnung bei euch?«, fragte er.
Barbara holte tief Luft. »Nein«, sagte sie dann tapfer. »Ich will nach Hause. Darf ich meinen Vater anrufen? Tut mir leid

wegen der ganzen Umstände und so, aber vielleicht will ja jemand anders gern an meiner Stelle bis ganz nach oben.«
Sie stand auf, um zu zeigen, dass sie es ernst meinte.
Ich hätte es wissen müssen: Stefan fing wieder an zu reden. Er sagte, sie müsse Vertrauen haben, bei *Tomorrow at the Top* wüssten sie genau, was sie täten. Er würde ja verstehen, dass sie etwas anderes erwartet habe, aber andererseits ... und so weiter, und so weiter ...
Sein Lächeln war breiter denn je. »He, Champ, ich habe fantastische Nachrichten!«, sagte er zum Schluss. »Ich glaube, jetzt ist ein guter Moment, es dir zu erzählen: Wir haben gerade vor einer halben Stunde einen Vertrag für dich abgeschlossen, und zwar mit ... Microsoft!«
Ein paar Sekunden schien Barbara sich zu freuen, aber dann verengten sich ihre Augen zu Schlitzen.
»Und das soll ich dir glauben?«, entgegnete sie.
Sie klang ganz wie meine Mutter.
Plötzlich ging etwas sehr Merkwürdiges mit Stefan vor. Wie soll ich es erklären ... Es schien, als würde ihm die fröhliche Maske vom Gesicht rutschen und ein harter, eisiger Ausdruck dahinter zum Vorschein kommen. Richtig unheimlich! Mir wurde ganz kalt dabei.
»Witzig, nicht wahr?«, sagte er zu mir. »Manche Leute haben Angst vor dem Gipfel. Wenn etwas nicht gleich klappt, wenn mal etwas nicht so läuft, wie gedacht ... schwupps, werfen sie das Handtuch!« Seine Stimme war auch anders geworden, tief und eintönig. »Zum Glück bleiben die wahren Champions übrig, Robert. In *dir* habe ich mich nicht getäuscht.«

Er stand auf und strich Barbara leicht über die Wange. Ein Schauer überlief sie, das konnte ich deutlich sehen.
»Gut, nimm deine Tasche«, sagte er. »Loser gehören nach unten und nicht an die Spitze.«

Mein Vater war noch nie richtig böse auf mich gewesen, außer das eine Mal, als ich jemanden einen Loser genannt habe.
»Du blickst auf andere Menschen herab, wenn du so redest«, hatte er gesagt. »Es ist arrogant und respektlos. Nur knallharte Streber benutzen solche Wörter, weil sie ...«
»Ist ja gut, hab schon kapiert!«, hatte ich damals gesagt und ganz unbeeindruckt getan, aber das Wort habe ich danach nie mehr gebraucht.
Und jetzt wurde also Barbara als Loser bezeichnet, als Loserin, die nach unten gehört. Was sollte ich davon halten? Schuldig fühlte ich mich außerdem noch, ich hatte sie nämlich überhaupt nicht verteidigt.
Nach ein paar Minuten kam Nina vom Arzt zurück. »Nicht eine schiefe Wimper hat er gefunden, die medizinische Prüfung hab ich zum Glück geschafft!«
»Na, herzlichen Glückwunsch«, sagte ich abwesend.
Sie setzte ein betrübtes Gesicht auf und äffte mich nach: »Na, herzlichen Glückwunsch.«
»Barbara ist nach Hause«, erzählte ich ihr.
Nina hatte es schon von Stefan erfahren. »Also die ist vielleicht dumm!«, sagte sie. »Da haben sie hier einen Vertrag mit Microsoft für sie gemanagt und jetzt will sie nicht. Tss,

erst ist es ihr größter Wunsch und dann bekommt sie auf einmal kalte Füße!«

Es störte mich, dass sie so über Barbara redete. »Sie hatte keine Angst, hörst du, sie wollte einfach nicht mehr«, sagte ich.

»Aber weshalb ist sie dann überhaupt hierher gekommen?«, fragte Nina entrüstet. »Was für eine Verschwendung!«

»Leute, lasst uns nicht zu hart über andere urteilen.« Da war Stefan, er hatte wieder eine weiße Kiste dabei, diesmal mit Getränken. Er lachte genau wie immer, aber ich wusste jetzt, was für ein Gesicht sich hinter diesem Lächeln verbarg. »So läuft es nun mal. Man sagt: *It's lonely at the top!* Tja, nur die echten Asse kommen weiter.«

In dem Augenblick fühlte ich mein Handy vibrieren. »He!«, rief ich. Ich meinte damit: »Verrückt, ich bekomme gerade eine SMS, dabei haben wir hier gar keinen Empfang!« Aber im selben Moment hätte ich mir auf die Zunge beißen können. Bluetooth funktionierte ja noch und es gab nur eine Person, die das wusste!

Stefan und Nina schauten mich verwundert an.

»He, was?« fragte Stefan, als ich stumm blieb.

Verdammter Mist ...

»Na, einfach so«, sagte ich. »Eben einfach he, sonst nichts.«

Ich sage ja häufiger dumme Sachen, aber so dumme ...

»Jetzt sind also nur noch wir beide übrig«, meinte Nina.

Stefan beobachtete mich noch immer. Ich sah es zwar nicht, denn ich schaute zu Boden, aber ich fühlte es. »Ja, jetzt seid nur noch ihr beide übrig«, murmelte er. Er schwieg für eine

Weile, dann ging er zur Tür. »Okay, Leute, wir machen eine kurze Pause. Trinkt etwas, ich komme euch gleich wieder holen.«
Wir nahmen beide eine Flasche und setzten uns auf die Fensterbank. Ich brannte darauf, die Nachricht zu lesen, aber ich musste mich beherrschen. Hing in der Toilette eigentlich auch eine Kamera? Ich hatte nicht darauf geachtet.
»Tut mir leid, aber Barbara ist echt verrückt!«, sagte Nina. »Wenn ich so einen Vertrag bekäme, ich würde ohnmächtig vor Glück. Ich kapiere nicht, wieso sie jetzt auf einmal so kritisch ist. Die Leutchen hier wissen doch ganz bestimmt, wie sie so was aufziehen müssen.«
»Sie hat es nicht geglaubt, das mit dem Vertrag«, antwortete ich.
Nina zuckte mit den Schultern. »Das ist dann ihr Problem.« Für sie war das Thema durch, so viel war klar. »Ich musste übrigens auch Stimmtests machen, nicht singen, sondern sprechen. Sogar auf Englisch und Spanisch. Allo, yo soi Ninja.«
»Ninja?«
»Ja, so heiße ich auf Spanisch.«
Ich strengte mich an ihr zuzuhören. Oder nein, ich strengte mich an, so zu tun, als würde ich ihr zuhören. Sollte ich ihr heimlich ins Ohr flüstern, dass ich eine Nachricht bekommen hatte? Nein, das wäre unklug, dann wollte Nina sie natürlich sofort lesen. Vielleicht hatte Barbara ja geschrieben: *Waschlappen, wieso hast du nichts gesagt?,* oder so ähnlich.
»Oh, Mann, die viele Cola! Ich muss dringend pinkeln«, sagte ich.

Nina hielt meine Flasche in die Höhe. »Du hast aber doch kaum etwas getrunken!«
»Ich muss ja auch nur ein bisschen«, antwortete ich. »Das aber dringend.«
Ein Glück, Nina lachte und fragte nicht weiter. Zur Sicherheit ging ich, so entspannt ich konnte, zur Toilette, denn vielleicht gab es ja auch Kameras im Flur.
Ich verschloss die Tür gut hinter mir. Danach musterte ich die Wände, als würde mich ihre Farbe interessieren. Ich fuhr sogar kurz mit dem Finger darüber. Wow, schön weiß gestrichen, ob die Decke wohl auch so weiß war? Ich schaute hoch. Ja doch, richtig schön weiß! Und mittlerweile hatte ich gesehen, dass hier nirgendwo ein rotes Lämpchen flackerte. Also keine Kamera, sehr gut, denn mein Theaterstück hätten sie mir ohnehin keine Sekunde lang abgenommen. Wer findet die Wände einer Toilette schon dermaßen interessant? Na ja. Ich setzte mich und holte mein Handy hervor. Auf dem Display stand immer noch *Nur Notruf möglich.* Aber es gab auch einen neuen kleinen Briefumschlag. Bluetooth. Von Barbara. Ich öffnete ihn.

> Darf nich nach haus, bin eingesperrt, letztes zimmer. Kann tel hören. Max ist zu haus. üble sache läuft hier!! Lesen und löschen.

Ich blieb sitzen, bis meine Beine von der Klobrille kalt wurden. Ich konnte ihr nicht antworten, denn ich hatte keine Ahnung, wie das mit dem Bluetooth funktionierte. Also löschte ich die Nachricht und stand auf. Das Handy in meiner Hosentasche wog auf einmal zehn Kilo.

»Hallo, he!«, rief Nina, als ich wieder in unseren Raum kam. »Ich dachte, ihr Athleten wärt immer so schnell? Beim Laufen ja, aber nicht beim Pinkeln!«

»Ha-ha«, machte ich.

Ich hätte ihr so gern alles erzählt, aber dann stünde Stefan wieder innerhalb von dreißig Sekunden vor meiner Nase und nähme mir mein Handy weg. »Uns stören die Strahlen von deinem Mobiltelefon«, so was würde er sagen.

Dürfte ich nur laufen, schön schnell und schön weit. Beim Laufen kann ich gut nachdenken, dann weht mir der frische Wind das Hirn frei.

Darf nich nach Haus, bin eingesperrt. Wieso durfte Max nach Hause und Barbara nicht? Weil sie dann erzählen würde, was hier abging? Oder weil man sie noch für irgendwas brauchte ...?

Üble Sache läuft hier ...

Das klang nicht spannend, das klang gefährlich.

6

Eine Viertelstunde später stand ich wieder in Unterhosen da, diesmal vor Stefan. Sein Zimmer befand sich ungefähr in der Mitte des Flurs. Jedes der Behandlungszimmer war gleich groß oder besser gesagt: gleich klein.

Ich musste alles Mögliche tun: mich hinknien, mir in die Nase kneifen, die Zunge herausstrecken, springen, etwas auf der Schultafel lesen, mir Geräusche anhören. Ich tat brav, was er sagte, aber der Satz ging mir einfach nicht mehr aus dem Kopf: *Üble Sache läuft hier!*

»Einmal tief seufzen!«, sagte Stefan. Er hatte ein Stethoskop in den Ohren und drückte mir das kalte Teil am Ende des Schlauchs auf die Brust. »Lieber Himmel!«, rief er erschrocken. »Du hast einen Puls von über hundert!«

Ja, das spürte ich auch, plus nasse Hände und einen steinharten Bauch.

»Ich hab halt ein Sportlerherz«, sagte ich schnell.

Stefan schaute mich an. »Ich bin Arzt. Ich weiß, was ein Sportlerherz ist, Robert.«

Er bedeutete mir mit einer Handbewegung, dass ich mich wieder anziehen konnte, setzte sich an seinen Schreibtisch und tippte etwas in seinen Computer.

»Du hast riesige Ohren, wusstest du das?«

Verständnislos fasste ich mir ans Ohr. »Muss ich jetzt auch weg?«
Er lachte laut. »Nein, nein, natürlich nicht! Ich frage mich nur, ob dein Vater oder deine Mutter auch solche Ohren hat.«
»Was weiß denn ich?!« Ich dachte nach. »Ja, mein Vater hat auch große Ohren. Keine Segelohren, aber große Ohren, das schon.«
»Es ist also erblich. Nicht aufregen, ist ja nicht schlimm«, versuchte er mich zu beruhigen. »Du bist trotzdem tauglich, du bist sogar Gold wert. Olympisches Gold.«
Junge, Junge, wie er da wieder lachen musste!
Jetzt fragen, dachte ich. Jetzt!
Ich räusperte mich. »Ist Barbara nach Hause?«
»Haha!« Er hatte immer noch nicht zu Ende gelacht. »Ja, Barbara ist zu Hause«, antwortete er knapp.
Ich zog vorsichtig meine Hose an, damit mir das Handy nicht aus der Tasche fiel. Trrr!, fühlte ich es vibrieren. Schlechtes Timing, Barbara!
Ich schaute rasch zu Stefan, aber der tippte ruhig weiter. Jetzt müsste er meinen Herzschlag erst mal messen. Diesmal waren es lockere Zweihundert!
Als wir zurückgingen, sah ich mich so unauffällig wie möglich um. Sechs Türen von hier bis zum Ende des Flurs, alle im gleichen Abstand zueinander. Ich drehte mich um und zählte noch einmal sechs. Dort, hinter der letzten Tür, saß Barbara also.
»Langer Flur, was?«, sagte ich, um zu erklären, weshalb ich mich umgedreht hatte.

»Sehr lang, ja.« Stefan war eindeutig mit seinen Gedanken woanders. »Du, Robert«, sagte er, »wir haben eine Überraschung für dich.«

Die Olympiade!, dachte ich sofort. Sie haben mich untergebracht, ich darf mit dem Leichtathletiknachwuchs für die nächste Olympiade trainieren! Es stimmt doch alles, was sie uns versprochen haben. Sie haben überhaupt nichts anderes mit uns vor!

»Ist es das, was ich denke?«, fragte ich froh.

Er öffnete die Tür zu unserem Raum. »Tatata-taaa!«, sagte er. »Das ist Bo!«

Auf einem der Tische saß ein Junge. Sobald ich hereinkam, stand er auf und ging mir entgegen. Seine Haut war nahezu schwarz. Er wirkte wie ein Basketballspieler, weil er so groß war, wie ein Filmstar, weil er so hübsch war, und wie ein Rapper, weil er sich so bewegte.

»*Hey man*«, sagte er.

Er schlug mir auf die Schulter, gerade als ich ihm die Hand geben wollte – dumm gelaufen!

»Robert van Tricht«, sagte ich.

»Ich bin Bo«, sagte er. »Alles okay?«

Nein Bo, nichts ist okay. Schlimme Dinge gehen hier ab. Aber ich nickte nur und versuchte sogar zu lächeln.

»Und weißt du, was sein Talent ist?«, fragte Nina, als wäre der ganze Bo ihre Idee gewesen.

»Nein«, antwortete ich kurz.

»Er ist europäischer Schachweltmeister!«, sagte Nina stolz.

»Jugend«, ergänzte Bo.

»Schach spielen ist schwer, weißt du?«, fuhr Nina fort.
»Aber wenn du europäischer Meister bist ...« – ich machte eine kleine Pause, vielleicht würde er ja wieder »Jugend« sagen, aber das tat er nicht –, »... dann hast du doch schon einen Coach?«
Er lächelte und seine weißen Zähne taten mir fast in den Augen weh. »Ich habe einen persönlichen Coach beim Schachspielen, ich weiß nur noch nicht, ob ich Profi werden will. Anwalt fänd ich ganz cool oder sonst ein bisschen chillen als Politiker vielleicht. Oder Producer, das ist auch ziemlich okay, oder Rapper.«
»Er ist eigentlich ein Multitalent.« Nina strahlte.
»Küsst du ihm gleich auch noch die Füße, oder was?«, brummelte ich, allerdings so leise, dass sie mich nicht hörte.
»Du bist Leichtathlet, oder?«, fragte Bo.
Ich nickte.
»Krass!«, sagte er. »Bisschen rennen und springen, ist bestimmt auch ganz lustig.«
»Bisschen?«, fragte Nina empört. »Er läuft sieben Meter und neunzig Zentimeter pro Sekunde, weißt du?«
Mit mir gab sie also wenigstens auch an.
»So schnell!«, rief Bo voller Bewunderung.
Inzwischen beobachtete Stefan uns mit schräg gelegtem Kopf und vor der Brust verschränkten Armen. Ich stand sofort wieder mit beiden Beinen auf dem Boden, als ich ihn so sah. *Üble Sache läuft hier!* Die Fragezeichen wirbelten mir nur so durch den Kopf. Max hatten sie also ersetzt, Barbara nicht. Was hatten sie mit ihr vor, was mit uns?

»Ich will jetzt erst mal telefonieren«, sagte Bo. »Mit meinen Eltern und so.«
»Da muss ich dir wohl etwas erzählen«, sagte Stefan fröhlich.
»Ich bin mal kurz weg«, murmelte ich schnell.

Ich hatte die Toilettentür sorgsam verriegelt und mich nochmals vergewissert, dass nirgendwo eine Kamera hing, hatte gepinkelt und saß jetzt mit dem Handy auf dem Klo, wagte aber nicht den kleinen Briefumschlag zu öffnen.
»Los, Beeilung«, befahl ich mir, »du kannst nicht wieder stundenlang hier sitzen!«
Ich legte den Daumen auf den Knopf und drückte. Dann las ich:

> Bin immer noch eingesperrt. Stefan tel dauernd über geld. 300 000 euro pro stück. Was haben die mit uns vor? Untersuchen? Verkaufen? Weiß nich, ob du meine nachrichten bekommst.

Ich prägte mir die Botschaft schnell ein und ging zurück.
Nina saß auf der Armlehne einer Schulbank. »Er ist weg, er muss noch alles nachholen, medizinische Untersuchung, Zahnarzt, den ganzen Kram«, erzählte sie. »Wie findest du ihn eigentlich?«
»Wen?«, fragte ich, obwohl ich ganz genau wusste, dass sie diesen Superboy meinte.
»Bo natürlich«, antwortete Nina.

Ich ging zu ihrer Bank und setzte mich schnell auf meine Hände, weil sie so zitterten. Konnte ich Nina vertrauen? Konnte ich ihr von Barbara erzählen?
»Ganz nett«, sagte ich.
Sie schnaubte ungeduldig. »Ganz nett, jeder ist ganz nett. Ich meine, weil er so viele Sachen kann!«
»Schön für ihn«, antwortete ich vage. Ich tat, als müsste ich husten, und schaute dabei schnell Richtung Kamera. Ich saß genau im Bild, heimlich etwas zu erzählen war unmöglich.
»Aber bestimmt ist es auch schwer, sich zu entscheiden, wenn man so viel kann«, meinte Nina. Sie rutschte von der Lehne und plumpste neben mich. »Ich will Sängerin werden, das weiß ich schon, seit ich vier bin. Ich will einen Plattenvertrag und es irgendwann bis nach Amerika schaffen. Das will ich und nichts anderes!«
Ich rappelte mich auf und setzte mich ihr gegenüber auf den Tisch, sodass ich der Kamera den Rücken zukehrte.
»Stinke ich?«, fragte Nina lachend.
Schnell schüttelte ich den Kopf.
»Hast du übrigens alle Tests bestanden?«, wollte sie wissen.
»Ja, obwohl ich enorm große Ohren habe.«
Sie schaute mich aufmerksam an. »Ja, du siehst tatsächlich ein bisschen wie Dumbo aus.«
Ich sagte nichts, hörte kaum hin.
»Ich finde Dumbo ganz süß«, fügte sie freundlich hinzu.
»Sie haben etwas anderes mit uns vor!«, flüsterte ich.
Nina schaute angestrengt auf meinen Mund. »Sie haben was?«, fragte sie.

Mist! Ich legte den Finger an die Lippen. Nina runzelte die Stirn.
Ich flüsterte es noch einmal, aber langsamer. Nina kapierte nicht die Bohne. Wie ein Kind, das gerade lesen lernt, wiederholte sie jedes meiner Worte: »Sie – haben – etwas – anderes – mit – uns – vor. Hä? Was denn? Was meinst du damit?«
Ich konnte nur ein verzweifeltes Gesicht aufsetzen und vorsichtig auf die Kamera zeigen.
»Irgendwas mit der Kamera?«, murmelte sie und dann starrte sie eine Zeit lang vor sich hin, als hätte ich ihr ein nettes Rätsel aufgegeben. Mit einem Mal musste sie lachen. »Aha! Ich weiß, was du meinst!«
»Psst!«, flehte ich stumm.
Mir stand der kalte Schweiß auf dem Rücken. Wenn uns jetzt jemand zuschaute, würde ich innerhalb von zehn Minuten abgeholt und weggesperrt.
Dann setzte sie sich neben mich auf den Tisch, sodass sie auch mit dem Rücken zur Kamera saß.
»Reality-TV«, flüsterte sie. »Alles wird aufgenommen und im Fernsehen gesendet. Eine Art Big Brother, nur mit Kindern!«
Jetzt war ich derjenige, der erstaunt aus der Wäsche guckte.
Ninas Begeisterung wuchs. »Das ist natürlich die beste Art, uns an die Spitze zu helfen! Ich dachte schon die ganze Zeit: Wo bleiben denn die Coachs und wieso muss ich nicht singen?«
Ob das stimmt?, überlegte ich. Nein, natürlich nicht!

»Ja klar«, rief sie plötzlich, »deshalb mussten Max und Barbara auch nach Hause! Die Zuschauer haben abgestimmt!«
»In der Tat«, sagte ich matt.
Nina hatte mich mit ihrem Geplapper in echte Schwierigkeiten gebracht, aber genauso schnell hatte sie mich auch wieder herausgeboxt.
»In der Tat«, sagte ich jetzt etwas lauter, »genau das haben sie meiner Meinung nach mit uns vor!«
Zufrieden kniff mich Nina ins Bein. »Schlaues Kerlchen!«

7

Stefan hatte alle Schultische zu einem großen Esstisch zusammengeschoben. Ich hatte überhaupt keinen Appetit und das war auch gut so, denn in der weißen Kiste warteten vier lauwarme, lasche Happy Meals auf uns. Mein Leichtathletiktrainer hätte einen Tobsuchtsanfall bekommen. »Ihr müsst euch gesund ernähren, also keine Pommes und anderes Fettzeug«, sagte er immer. »Ihr trainiert so hart, euer Körper braucht jeden Tag Brennstoff: Gemüse, Nudeln, Kartoffeln, Fisch. Ihr seid Spitzensportler, also sorgt gut für euch!«
Ich verzichtete auf das Essen und trank stattdessen extra viel Wasser, und zwar so, dass die Kamera mich immer gut im Bild hatte. Dann fiel es vielleicht weniger auf, wenn ich öfter zur Toilette ging.
»Greift zu, Leute!« Stefan setzte sich an das Kopfende des Tisches, aß aber selbst nicht mit.
»Mjam, mjam!« Bo schlug mit Appetit die Zähne in einen triefenden Hamburger. »The fetter, the better!«
Wenn es stimmte, was Nina dachte, wurde Bo ganz bestimmt der beliebteste Bursche im ganzen Land. *Wenn* es stimmte …
Es gab mal eine Fernsehsendung, die hieß *Vom Ekel zum Engel.* Ein knappes Dutzend verhaltensgestörter Jugendli-

cher wurde in den Dschungel geschickt und musste dort irgendwelche Aufträge erfüllen. Zweck der Sache war, dass sie alle als kleine Engel wiederkamen. Und die ganze Zeit hindurch wurden die Fernsehkameras draufgehalten, auf alles. Vielleicht war das hier ja die umgekehrte Formel: *Vom Engel zum Ekel*?

»Robert, iss was, Junge!«, sagte Stefan.

Ich schüttelte den Kopf. »Hab gerade keinen Hunger.«

Stefan war etwas irritiert, das sah ich deutlich, aber er fasste sich sofort wieder. »Es gibt noch Brötchen von heute Mittag«, sagte er. »Ich bringe sie dir gleich, dann hast du was für später, falls du Hunger bekommst.«

»Ich gehe und hole sie dir«, sagte Nina. Sie legte sich jetzt extra ins Zeug, weil sie glaubte, die ganze Nation würde ihr zuschauen.

»Nein, nein, bleib schön sitzen!« Stefan lief schnell aus dem Zimmer.

Ja, vielleicht war es das wirklich: *Vom Engel zum Ekel!* Setze vier hochbegabte Kinder zusammen und veranstalte ein ganzes Wochenende lang unsinnige Dinge mit ihnen. Mal sehen, wie sie reagieren. Und das ganze Land darf dabei zuschauen.

Aber wenn es so wäre, was sollten dann diese vielen Untersuchungen? Das war doch todlangweilig fürs Fernsehen! Eine Stunde lang Gelaber über meine Zahnspange, wer wollte so was denn sehen? Und Max, wo war Max? Hatten sie den irgendwo eingesperrt?

Untersuchen. Verkaufen ...

Meine Gedanken drehten sich im Kreis. Aber was planten sie dann ...? Verkauften sie vielleicht heimlich Filmchen und Fotos von uns, für dreihunderttausend Euro pro Stück? Welcher Irre wollte das bezahlen?
»Was machen wir heute Abend?«, fragte Nina, als Stefan wieder hereinkam.
»Das ist eine Überraschung«, antwortete er und legte vier in Plastik eingeschweißte Brötchen vor mich hin.
Trrr, spürte ich mein Handy vibrieren. Barbara! Nicht reagieren, dachte ich, schau einfach ganz normal vor dich hin!
»Sicher ein bunter Abend«, sagte Bo. »Dann hören wir Nina endlich mal singen!«
»Und du spielst uns eine Partie Schach vor. Echt aufregend!«
Nina legte die Füße auf den Tisch. Stefan schaute kurz hin und runzelte die Stirn, sagte aber nichts. Mich beobachtete er auch die ganze Zeit, das spürte ich deutlich.
Es war wichtig, dass ich ab und zu etwas von mir gab, um nicht aufzufallen. »Und ich, ich sprinte durch den Raum«, warf ich ein.
Bo stand auf und rappte aus dem Stegreif los. »Robert van Tricht, schneller geht's nicht, er ist schneller als der Wind und er ist schneller als das Licht!«
»Juhuu!« Nina johlte und klatschte in die Hände.
Ich presste ein Lachen heraus und räusperte mich. »Also, ich muss dann mal wieder.«
Bah, wie gekünstelt das klang! Ein guter Schauspieler würde ich wirklich nie werden.
Sobald ich auf der Toilette war, sah ich nach.

Glaub, sie verkaufen uns. Schick mal ne antwort. Hab angst.

»Hab auch Angst«, flüsterte ich.

Zum soundsovielten Mal schaute ich nach, ob ich mit Bluetooth eine Nachricht versenden konnte. Es ging natürlich, das wusste ich, nur wie, wie? Manche Leute können die Gebrauchsanweisung ihres Handys im Nu in- und auswendig und wissen alles, zum Beispiel auch, wie Bluetooth funktioniert. Ich nicht, ich schaue nur, wo das Handy an- und ausgeht, und alles Weitere findet sich nach und nach von selbst.

Noch etwas Schlimmes fiel mir auf: Das Batteriesymbol auf meinem Display war so gut wie leer. Mein Handy konnte jeden Augenblick ausfallen. Hatte ich mein Ladegerät dabei? Ich schloss die Augen und versuchte mir vorzustellen, wie ich meine Tasche gepackt hatte. Sportschuhe für drinnen, Sportschuhe für draußen, zwei Trainingsanzüge ... da hatte ich noch geglaubt, dieses Wochenende hätte etwas mit Leichtathletik zu tun. Hatte ich an das Ladegerät gedacht? Ich konnte mich nicht erinnern. Außerdem musste ich mich beeilen, sonst blieb ich zu lange weg.

Ich betätigte die Spülung und verließ mit weichen Knien die Toilette. Dort links, im hintersten Zimmer, da saß sie. Ich *musste* ihr ein Zeichen geben. Ganz laut rufen? Nein, das würden alle hören.

Plötzlich hatte ich eine Idee. Ich holte tief Luft und fing an zu singen. Na ja, singen ... eher zu schreien: »Alle meine Entchen schwimmen auf dem See, schwimmen auf dem See, Köpfchen in das Wasser ...«

»Was machst du denn da?« Stefan steckte seinen Kopf aus der Tür.

Ich grinste dümmlich, während ich mein Herz in den Ohren pochen hörte. »Na ja, singen!«

»Ach, *singen* nennst du das!«, spottete Stefan und machte die Tür ganz auf, damit ich wieder hereinkam.

»So, Leute, amüsiert euch ein Weilchen mit euch selbst!«, rief er über die Schulter. »In einer Viertelstunde bin ich zurück, dann geht's weiter mit unserem Programm!«

Wir gingen gleichzeitig durch die Türöffnung, er hinaus, ich hinein. Unsere Bäuche berührten sich. Igitt, der Kerl hatte Mundgeruch!

»Hereinspaziert, du Wasserspeier«, sagte er und zwinkerte mir zu.

8

Der Tisch war abgeräumt, die Brötchen lagen auf der Fensterbank. Mir war übel. Vielleicht wegen Stefans schlechtem Atem. Oder weil ich nichts gegessen hatte. Oder vielleicht einfach nur vor Angst.

Wasserspeier ... Hatte er das scherzhaft gemeint? Nein, er wollte mir einfach zeigen, dass er mich durchschaute.

Nina brachte Bo gerade ein Streetdance-Kunststück bei. Bestimmt hatte sie ihm inzwischen erzählt, das alles hier käme ins Fernsehen, denn er schielte häufiger zur Kamera.

Ich setzte mich auf den Tisch und tat so, als wäre ich müde. Denn wer müde ist, redet nicht. Ich musste in Ruhe nachdenken.

Glaub, sie verkaufen uns.

In einem Käfig? Als Sklaven? Nein, natürlich nicht, komm wieder runter! Aber wie sonst? Wollten sie die Fotos verkaufen? Wer war denn daran interessiert? So etwas brachte doch wirklich keine dreihunderttausend Euro ein. Oder warte mal ... Später, wenn wir berühmt waren, dann interessierte sich die Klatschpresse für uns. Ich dachte an meine Mutter. »Dass du mir ja nichts unterschreibst!« Wenn sie wüsste! Hätte ich nicht solche Angst, wäre das alles urkomisch.

Egal, zuallererst musste ich jetzt mein Handy schnellstmöglich aufladen.
»Also links, links, Dreh und Sprung.« Bo konnte gut tanzen, er war tatsächlich ein Multitalent. Ich schaute mich nach einer Steckdose um. Ja, neben der Tür war eine. Sehr schön, jetzt nur noch das Ladegerät.
»Bitte, bitte, lass es in meiner Tasche sein«, murmelte ich im Stillen. »Lass es in meiner Tasche sein!«
Aber wieso sollte ich mein Handy überhaupt aufladen, wenn ich nicht telefonieren konnte? Ich musste mir eine Erklärung einfallen lassen ... und ich wusste auch schon, welche!
»Mist, jetzt ist mein Akku alle und ich würde doch so gern ein bisschen zocken!«, sagte ich möglichst deutlich.
»Dann mach doch einfach mit uns mit, du trübe Tasse!«, rief Nina.
»Ich kann nicht tanzen«, sagte ich. »Ich gehe mein Handy aufladen. Zum Spielen.« Ich wischte mir meine Schweißhände an der Hose ab und stand auf. Ich fühlte mich wie beim letzten Wettkampf direkt vor der Bekanntgabe der Ergebnisse. Dein ganzer Kopf ist erfüllt von einem einzigen schreienden Wort: BITTE!
Ich ging in die Ecke mit unserem Gepäck, bückte mich und zog den Reißverschluss meiner Tasche auf, wühlte zwischen meinen Trainingsanzügen, Sportschuhen, dem Kulturbeutel und ... einem Kabel, ich fühlte ein Kabel! Mein liebes kleines Ladegerät, ich hatte es also doch eingepackt! Ein Küsschen geben konnte ich ihm nicht, dafür kniff ich einmal dankbar in seinen Stecker.

Genau in dem Augenblick, als ich den Stecker in die Steckdose schob, kam Stefan herein, zusammen mit einem dicken Mann, der eine große schwarze Kiste bei sich hatte. Zeitgleich vibrierte mein Handy: Eine neue Nachricht wartete auf mich. Konnte ich sie ganz schnell lesen? Alle schauten gerade zu dem neuen Mann – jetzt oder nie! Ich drehte mich mit dem Rücken zur Kamera und rief die Nachricht auf.

> Thx für alle entchen. Hab wen spanisch reden hören. Der sagte: manjana transporter = morgen transport! Wir werden verkauft. Du musst fliehen!

Ich drückte die Nachricht sofort weg. Wenn ich nur nicht in Ohnmacht fiel! Mir war plötzlich so leicht im Kopf und die Wand vor mir begann sich zu drehen. Ich biss mich fest in die Wange; Schmerz macht einen hellwach.
»Aha, hier!«, sagte jemand hinter mir. Ich drehte mich um und schaute direkt in das Gesicht von Stefan.
»Ich mache es wegen der Spiele«, stammelte ich. »Mir war langweilig und da ...« Dann erst sah ich, dass Stefan die Steckdose meinte. »Hier ist eine«, sagte er noch einmal. Der dicke Mann kam mit dem Kabel einer gigantischen Lampe auf uns zu und gab Stefan den Stecker.
»Du hast keine Zeit, dich zu langweilen«, sagte Stefan und zog grob mein Ladegerät aus der Wand.
Ich würde bestimmt umfallen, wenn ich jetzt aufstand, also blieb ich einfach, wo ich war, in der Hocke. Ich hatte mir so

fest in die Wange gebissen, dass ich Blut schmeckte. Hatte Stefan mich die Nachricht lesen sehen?
»Robert, schau mal, wie schön!«, rief Nina aufgeregt.
Ich warf einen Blick über die Schulter. Der Mann hatte eine riesige Filmkamera aus einer Kiste genommen und stellte jetzt alles Mögliche an ihr ein. Nina hielt einen blauen Herrenanzug in die Höhe.
»Ja, was ist damit?«, fragte ich.
»Der hier ist für dich!«, sagte sie lächelnd.
Bo pfiff auf den Fingern. »Sexy!«
Offenbar hatte ich doch länger auf mein Display gestarrt, als ich dachte, denn mittlerweile hatten alle irgendwelche Klamotten aus der Kiste geholt. Und dieser schicke Anzug war für mich bestimmt. Sie wollten also, dass ich wie ein feiner junger Herr aussah. Aber warum?
Morgen Transport. Ich sah einen geschlossenen Lkw vor mir und illegale Grenzübergänge ...
»Ich will nicht, weshalb soll ich das anziehen?«, fragte ich schrill. »Das hat nichts mit Leichtathletik zu tun!«
Stefan drehte sich mit einem Ruck zu mir um. »Du bist schon genauso argwöhnisch wie deine Mutter! Ich weiß nicht, ob dir das klar ist, aber dieses Wochenende ist nichts anderes als ein Geschenk des Himmels! Vertrau doch einfach darauf, dass wir genau wissen, was wir tun, ja? Oder möchtest du vielleicht Barbara hinterher: Hopp, die Jacke an und zurück nach Hause?«
»*Hey man,* wollen wir nicht lieber cool bleiben?«, sagte Bo erschrocken.

Ich schüttelte den Kopf. Wenn ich jetzt den Mund auftat, müsste ich weinen. Stefan seufzte. Dann stand er auf und wuschelte mir kurz mit der Hand durchs Haar. Er hatte wieder seine freundliche Grinsemaske aufgesetzt.
»Hast du im Fernsehen schon mal eine richtige Gala ohne Sportsgrößen gesehen?«, fragte er.
Wieder schüttelte ich den Kopf.
»Du weißt schon, ein offizieller Empfang, bei dem auch ganz viele Promis anwesend sind?«, fragte er.
»Doch, ich kenne das«, sagte Nina. »Mit Champagner und so!«
»Richtig«, sagte Stefan. »Hast du da jemals einen Sportsmann im Trainingsanzug herumlaufen sehen?«
Wieder warf ich einen Blick auf das blaue Ungetüm. »Nein«, gab ich zu, »die haben dann immer einen feinen Anzug an.«
»Er ist etwas langsam von Begriff«, sagte Stefan zu dem Kameramann. »Aber man kann nun einmal nicht in allem der Schnellste sein.« Er zwinkerte mir schelmisch zu und stellte dann in der Ecke des Raumes einen weißen Wandschirm auf. Dahinter durften wir uns nacheinander umziehen. Ich hatte mich auf einen Stuhl gehievt und sah, wie Nina als Erste in einem eleganten Galakleid hinter dem Schirm hervortrat. Sie war fast zu schön, um einfach so im gewöhnlichen Leben herumzulaufen.
Ich lachte und klatschte mit den anderen mit, während in meinem Kopf ein panischer Bienenschwarm herumschwirrte. Woher weiß er, dass meine Mutter argwöhnisch ist?,

dachte ich. Wie komme ich hier weg und was haben sie mit uns vor? Wohin werden wir morgen gebracht?
Jetzt irgendwelche Schwierigkeiten zu machen hatte keinen Sinn. Dann sperrten sie mich auch noch ein. Ich musste mitspielen, tun, als würde ich mich freuen. Und dann entwischen und Hilfe holen.
»Okay, Robert, du bist dran!« Stefan hielt mir strahlend diesen dämlichen Anzug hin.
Alle vier schauten mich an.
Ich stand auf. »Her mit der Affenmontur, jetzt werdet ihr was erleben!«, sagte ich, so fröhlich ich konnte.

9

Es war weniger schlimm, als ich gedacht hatte. Der Anzug, meine ich. Ich sah nicht dämlich darin aus, sondern einfach nur sehr schick. Bo hatte den gleichen Anzug an, allerdings in Weiß. Und er trug keine Krawatte dazu, sondern so eine schwarze Fliege. Und das Verrückte war, dass ihm das sogar stand! Er sah aus wie jemand aus dem Showbusiness. Stefan hatte einen großen Spiegel an die Wand gelehnt und vor dem stand Bo nun und tanzte und rappte die ganze Zeit.

I'm not a fool, baby,
but I am cool, baby.
You love this guy, honey?
Well I know why, honey.
Because, you see:
This guy is me!

Wir klatschten laut, Stefan am lautesten von allen.
»Angeber!«, rief Nina, aber sie ging auf ihn zu und fing an zu singen. Sie benutzte denselben Text, allerdings mit einer Melodie. Richtig gut, wie sie das machte! Und Bo tanzte um sie herum und sagte immer so was wie *»yo, yo«* und *»yeah, baby«*.

Vielleicht wollten sie Nina an einen Nachtklub verkaufen, wo sie singen und tanzen musste. Aber warum hatten sie dann Barbara ausgewählt? Oder mich?

Inzwischen war der dicke Mann mit seiner Kamera und der großen Filmleuchte so weit. Er gehörte wahrscheinlich ebenfalls zu dem Komplott oder er glaubte, er würde für *Tomorrow at the Top* arbeiten, das konnte natürlich auch sein.

»Haben Sie alles im Kasten?«, fragte Bo stolz.

Der dicke Mann schüttelte den Kopf.

»Wir drehen einen Promotion-Film von euch«, erzählte Stefan. »Nina, du darfst anfangen. Da ist die Kamera, du musst direkt hineinschauen.«

»Und was ist mit der?«, fragte Nina und zeigte zur Decke.

»Ach, die!«, sagte Stefan. »Das ist eine simple Schwarzweißkamera, die hat nur Überwachungsqualität.«

Nina war verwirrt. »Aber ... aber ... ich dachte, alles würde aufgezeichnet ...?«

»Stimmt, aber nur für Untersuchungszwecke. Also, dann fang mal an!«, sagte Stefan ungeduldig.

Man sah, dass Nina erst mal einen inneren Schalter umlegen musste. Also kein Fernsehen ... Dann drehte sie sich einmal um die eigene Achse, stellte sich gerade vor die Kamera und fing an zu singen.

Ihre Stimme drang in meine Ohren, strömte durch meinen Kopf, meinen Hals und geradewegs in meinen Bauch. Da wogte sie eine Weile herum, um mir danach in die Knie zu sinken, die so weich wurden, dass ich ... Na ja, um es kurz

zu machen: Ich hatte noch nie jemand so fürchterlich schön singen hören.
»Halt, stopp!«, rief Stefan. »Wer hat gesagt, dass du singen sollst? Hör zu: Du beginnst an der Tür, dann kommst du ruhig hierher, bis zu diesem Punkt.« Mit Kreide malte er ein kleines Kreuz auf den Boden. »Dann schaust du in die Kamera, lächelst freundlich und sagst: ›Hallo, ich bin Nina.‹ Der Nachname ist überflüssig. Danach sagst du, wie alt du bist, was deine Hobbys sind und auf welche Schule du gehst. Und dann winkst du in die Kamera und sagst: ›Vielleicht auf Wiedersehen?‹«
Nina zog ein Gesicht, als hätte ihr jemand siedend heißes Öl über den Rücken gegossen. »W-w-was?«, rief sie mit schriller Stimme. Und dann noch höher: »W-w-was?«
Stefan zeigte zur Tür. »Da anfangen.«
»Ich bin Sängerin!«, erwiderte Nina. »Was soll das mit meinen Hobbys und Schule und dem ganzen Blabla? Damit überzeuge ich doch keinen Manager! Das ist etwas für den nationalen *Nerd*-Wettbewerb!«
Stefan atmete tief ein und danach langsam aus. »Liebe Nina«, sagte er ruhig, »möchtest du später Erfolg haben?«
»Ja, Mann!«, antwortete Nina immer noch mit hoher Stimme, aber schon wieder etwas leiser.
»Und wer wird deine neue Karriere finanzieren?«
»Na ja, die Leute, die Geld in mir wittern.«
»Und welche Leute sind das?«
Ganz langsam erschien ein leichtes Lächeln auf Ninas Gesicht.

»Das sind vornehme Herrschaften«, beantwortete Stefan seine eigene Frage. »In vornehmen Anzügen und hinter vornehmen Schreibtischen. Diese Männer fängt man nicht mit irgendwelchen *Baby, Baby*-Sprüchen! Die wollen sehen, dass hinter dieser Supersängerin gleichzeitig ein sehr anständiges, wohlerzogenes Mädchen steckt!«
Nina nickte erleichtert. »Oooh! Jetzt verstehe ich.« Sie musste plötzlich schallend lachen. »Du hast recht!«
Nein, dachte ich. Er hat nicht recht, er hat sich einfach mal wieder geschickt herausgeredet.

Den ganzen restlichen Abend waren wir mit den Werbefilmchen zugange. Ich kam als Letzter an die Reihe. Ich musste zu der Markierung gehen und sagen, wie ich hieß und wie alt ich war und so. Danach musste ich mein Jackett ausziehen, weggehen, über die Schulter blicken und in die Kamera zwinkern.
Ich tat genau das, was mir gesagt wurde.
»Stopp!«, rief Stefan ständig. »Du zwinkerst mit dem falschen Auge!« Oder: »Stopp, du guckst, als müsstest du zur Schlachtbank. Los, lächel mal, zeig uns deine schönen Zähne! Du hast schließlich nicht umsonst eine Zahnspange getragen!«
Ach, das wusste er also auch schon.
Ich lächelte in die Kamera und kam mir vor wie ein bissiger Hund, der seine Zähne fletscht, aber Stefan war jetzt offenbar zufrieden.
»Hallo, ich bin Robert van Tricht.«

»Stopp!« Stefan schloss kurz die Augen. »Jetzt rufe ich schon den ganzen Abend, dass ihr euren Nachnamen nicht zu nennen braucht. Bist du taub oder was? Wozu hast du eigentlich deine großen Ohren?«
Bo schaute ihn verwundert an. *»Relax, man!«*
Stefan fing sich auf der Stelle. »Du hast recht. Entschuldige, Robert, aber ich möchte, dass deine Talente optimal zur Geltung kommen.«
Als sie alles endlich gut im Kasten hatten, war es halb elf. Der Kameramann packte seine Sachen ein und verschwand. Er hatte den ganzen Abend kein Wort gesprochen. Ich steckte rasch mein Ladegerät wieder in die Steckdose. Sofort begann mein Handy zu vibrieren. Ich wagte jedoch nicht die Nachricht zu lesen, denn ich hatte das Gefühl, dass Stefan mich beobachtete.
»Bevor ich schlafen gehe, spiele ich immer noch ein bisschen«, sagte ich. Mir war, als hätte ich meine Finger und nicht das Ladegerät in die Steckdose geschoben. Ich stand echt unter Strom vor Nervosität.
»Auf deinem Handy?«, fragte Bo.
Ich nickte.
»Wie öde!«, hörte ich Nina hinter dem Wandschirm sagen.
»Und was spielst du?«, fragte Bo.
Hilfe! Wieso waren auf einmal alle so an mir interessiert?
»Golf«, antwortete ich.
Nina kam in ihrer normalen Kleidung hinter dem Wandschirm hervor. Jetzt war ich an der Reihe, denn Bo hatte sich schon umgezogen. Aber ich wollte mein Handy nicht allein

lassen. Nicht auszudenken, wenn Stefan die Nachricht entdecken würde!
»Robert, du bist dran«, sagte Nina.
»Ich komme«, gab ich zurück und tat dabei so, als würde etwas mit meinem Ladegerät nicht stimmen. Konnte ich jetzt schnell einen Blick auf die Nachricht werfen?

Wieso spanisch? Vielleicht südamerika.
Argentinien, brasilien? Menschenhandel?
Tu was!! Fliehen und polizei anrufen!
Muss akku sparen, schalte jetzt aus.

Bo stellte sich mit einer Flasche Kakaotrunk neben mich. Er sagte etwas, aber meine Ohren rauschten so, dass ich ihn nicht verstand.
»Entschuldige, was hast du gesagt?« Ich räusperte mich, weil meine Stimme so fiepsig klang. »Was hast du gesagt?«
»Du läufst also die vierhundert Meter in fünfzigeinhalb Sekunden«, wiederholte er.
Ich nickte.
»Ist das ein Rekord?«, fragte er.
Es kam nicht bei mir an; irgendwas mit Rekord.
»Welchen Rekord meinst du?«, fragte ich.
Er runzelte die Stirn und lachte. »Bist du betrunken oder was?«
Verhalte dich ganz normal! Ich spürte Stefans Augen in meinem Rücken. Ich musste weiterreden, dann war es auch nicht so merkwürdig, dass ich mich noch nicht umzog.

»Den Rekord hält ... Michael Johnson.«
Michael Johnson hatte fast alle Rekorde in der Welt gebrochen, ich redete also keinen Unsinn.
»Ach ja, den kenne ich«, sagte Bo.
»Persönlich?«, fragte ich.
Bo brach in schallendes Gelächter aus. Ich lachte mit, als hätte ich einen guten Witz gemacht. Inzwischen bekam ich mit, wie Stefan und Nina sich darüber unterhielten, wie viel man mit einem Auftritt in der Amsterdam-Arena verdiente.
»Er hat eine gewisse Ähnlichkeit mit dir«, sagte ich.
»Wenn's mal so wäre!«, meinte Bo.
Aber es war wirklich so. Sie hatten Max durch einen anderen gut aussehenden schwarzen Jungen ersetzt, und das war kein Zufall.
Morgen Transport. Zwei Jungs, zwei Mädchen. Ein weißes Mädchen und ein schwarzes, ein weißer Junge und ein schwarzer. Alle schön, alle gesund, alle voller Talent. Wir zusammen ergaben in jedem Fall ein ordentliches Komplettpaket.

10

Stefan brachte uns zu den Schlafzimmern. Na ja, Zimmer ... Es waren eher Verschläge. Ein Etagenbett passte hinein und mit Müh und Not noch ein Stuhl. Fenster gab es zwar, aber keine Vorhänge. Doch das machte nichts, alles war ohnehin von außen zugenagelt. Nur ganz oben war ein kleines Fenster, das nach außen hin aufgeklappt war; zwischen Fenster und Holz war gerade noch genug Platz dafür. Ich teilte ein Zimmer mit Bo. Nina musste allein schlafen.

»Was!?«, rief sie, als sie das hörte. »Ich schlafe nie allein, zu Hause schlafe ich immer zusammen mit meinen Schwestern.«

Stefan redete auf sie ein, dass sie doch bestimmt todmüde sei und in Zukunft sowieso allein in Hotelzimmern übernachten müsse, bis Nina irgendwann nachgab. »Also gut, okay.«

»Sehr schön«, sagte Stefan. »Nächster Punkt: Wir haben nachts keinen Strom, das heißt, auch kein Licht. Benutzt eure Taschenlampen, wenn ihr mal zur Toilette müsst.«

»Habe ich nicht!«, sagten wir alle drei gleichzeitig. Ich hatte zwar noch daran gedacht, aber meine Mutter hatte gemeint, es wäre wahrscheinlich eine Art Hotel, in dem man ganz bestimmt keine Taschenlampe brauchte.

»Dann geht eben im Schein eurer Handys, dann habt ihr die wenigstens nicht ganz umsonst dabeigehabt!«
Wir warteten geduldig, bis Stefan ausgelacht hatte, und wünschten ihm dann eine Gute Nacht.
Bo und ich lagen noch eine Weile wach und plauderten, oder besser gesagt: Er plauderte und ich beteiligte mich, so gut es ging. Aber nach einer Viertelstunde war er still und ich konnte endlich in Ruhe nachdenken. Ich hatte einen glühend heißen Kopf und eiskalte Füße und dabei eine solche Angst, dass ich meinen eigenen Herzschlag jagen hörte. Nachdenken saß nicht drin. Ab und zu drückte ich auf eine Taste an meinem Handy, damit ich einen Moment lang Licht hatte. Es war halb zwölf. Stefan schlief auch in diesem Gebäude, hatte er gesagt. Und wer noch? Vielleicht der schweigsame Kameramann?
Wie es Barbara jetzt wohl ging? Hatte sie auch ein Bett bekommen? Wieso schickte sie mir jetzt keine Nachricht, sie konnte sich doch denken, dass ich die unter der Bettdecke viel leichter lesen konnte?
Gab es in diesem Raum eigentlich auch eine Kamera? Ich schaute mich sehr sorgfältig um, sah aber nirgendwo ein Licht flackern.
Ich musste zu Barbara. Kurz an die Tür klopfen, hören, ob sie noch ... Na ja, ob sie noch nicht schlief. Vielleicht konnten wir zusammen überlegen, was zu tun war, denn ich wusste jetzt wirklich überhaupt nicht mehr weiter. Demnächst saßen wir alle vier in einem goldenen Gefängnis bei irgendeinem stinkreichen Ausländer. Das hatte ich mir nämlich

mittlerweile so ausgemalt: Sie würden uns an einen ausländischen Multimilliardär verkaufen, für den ich dann ein paar Mal am Tag Hochsprünge vollführen musste oder so.

Vorsichtig stieg ich aus dem Bett. Bo schlief, er atmete ruhig und regelmäßig. Das konnte man von mir nicht behaupten, ich hörte mich eher wie eine Fahrradpumpe an. Ich drückte meinen Kopf ein paar Sekunden gegen die kühle Tür und trat dann auf den Flur hinaus.

Es war so dunkel, dass mir die Schwärze fast greifbar erschien. Ich sperrte die Augen auf und blickte suchend hin und her. Flackerte irgendwo ein rotes Lämpchen? Konnten die Kameras eigentlich auch im Dunkeln filmen?

Ich leuchtete mit meinem Handy herum, aber das brachte nichts, weil es keinen richtigen Lichtschein von sich gab. Das Ganze hatte eher den umgekehrten Effekt: Ich sah außer dem erleuchteten Display rein gar nichts. So funktionierte es also nicht. Ich ging zurück in die Schlafkammer und schloss die Tür hinter mir. Was jetzt? Wieder ins Bett und morgen als lebender Roboter in irgendeinen Lastwagen?

Nein. Ich holte tief Luft, öffnete die Tür erneut und trat wieder in dieses tintenschwarze Loch. Den linken Arm hielt ich mir vors Gesicht, so wie ein Boxer das zu seiner Deckung macht. Meine rechte Hand schwenkte ich langsam vor mir hin und her.

Da ging der vielversprechende Athlet. Ein Mümmelgreis mit Gehwagen war schneller.

Das hinterste Zimmer, das hinterste Zimmer, einfach weitergehen, was sollte schon passieren? Mann, nie gewusst, dass ich so schreckliche Angst im Dunkeln hatte! Ich schloss die Augen, um mich zu konzentrieren, aber das war erst richtig unheimlich, denn es machte überhaupt keinen Unterschied, ob ich die Augen offen oder geschlossen hatte! Wie weit musste ich noch? Der ganze Flur war vierhundert Meter lang, unser Schlafzimmer lag ungefähr ... auf dem ersten Drittel? Ich tastete mich jetzt mit meiner linken Hand an der Wand entlang.

Gibt es hier wohl Ratten?

»Hör auf!«, flüsterte ich mir böse zu.

Wenn man nichts, aber wirklich gar nichts sieht, dann bildet man sich mit einem Mal alles Mögliche ein, nur: Man sieht es nicht.

Wand, Tür, Wand, Tür ...

Ich ließ meine Hand nicht mehr die ganze Zeit an der rauen Wand, sondern tippte immer nur kurz an ihr entlang, weil ich mir sonst die Haut aufschürfte.

Zwölf Türen insgesamt, das wusste ich noch. Und dann ... tja, dann was? Anklopfen?

Plötzlich hörte ich etwas. Hinter mir. War es ein Schritt gewesen? Stand da jemand? Ich riss die Augen sperrangelweit auf. Sinnlos. Der Jemand konnte einen Zentimeter von mir entfernt sein, ich würde ihn nicht sehen. Ihn oder sie. Oder es.

Ich habe zwar kein Asthma, sonst wäre ich natürlich Max nach der medizinischen Untersuchung gleich hinterhergereist, aber ich pfiff trotzdem wie eine Lokomotive.

»Hallo?«

»Wuah!«, schrie ich, obwohl ich schon gehört hatte, dass es Nina war.
Sie lachte. »Hast du dich erschreckt?«
Habe ich mich erschreckt? Hat ein Elefant einen Rüssel? Mann, ich wäre fast in Ohnmacht gefallen!
Nina drückte auf ihr Handy, woraufhin das Display aufleuchtete, und hielt es hoch über ihren Kopf. »Da ist die Toilette, du bist dran vorbeigelaufen. Hast du auch keine Taschenlampe mit? Sie hätten uns ruhig vorher sagen können, dass es hier so primitiv zugeht, meinst du nicht auch?«
Ich nickte, reden ging im Augenblick nicht, mein Hals war so trocken wie Papier.
»Bist du krank oder so?«, fragte sie.
Dann traf ich eine Entscheidung. Ich musste es ihr erzählen, wir brauchten ganz dringend einen Helden und der war ich nun einmal nicht, das hatte ich mittlerweile gemerkt.
»Ich war auf dem Weg zum Zimmer von ... äh, mal nachdenken, wie soll ich dir das erklären ...«, begann ich.
Sie blieb still.
»Komm besser mit, ist 'ne lange Geschichte«, sagte ich dann.

Wir saßen auf ihrem Bett, ich hatte alles erzählt, so ruhig wie möglich. Ganz von Anfang an. Sie hatte nichts gesagt, sondern nur zugehört. Abwechselnd drückten wir immer auf unsere Handys, um ein bisschen Licht zu haben.
»Und Barbara glaubt, wir werden verkauft an jemanden in Spanien oder vielleicht Südamerika, denn da wird auch spanisch gesprochen«, beendete ich meine Erzählung.

Ich schaute zur Seite und sah es sofort: Sie glaubte mir nicht. Zuerst lächelte sie, dann grinste sie und dann begann sie lauthals zu lachen.
»Still, still, still!«, zischte ich panisch.
Plötzlich sah sie mich prüfend an. »Du machst doch wohl einen Witz, darf ich hoffen, oder?«
Sofort schraubte die Angst mir wieder die Kehle zu. Was war ich für ein Dummkopf! Was, wenn Nina mich vielleicht sogar verraten würde?
»Nein, es ist mein voller Ernst!«, sagte ich verzweifelt.
»Dann zeig mir mal die Nachrichten!« Es klang, als spräche sie mit einem verängstigten Kind.
»Die habe ich natürlich gelöscht!«, sagte ich.
Sie dachte nach.
»Du siehst doch selbst, dass alles, was hier geschieht, Unsinn ist«, begann ich erneut.
»Robert, weißt du, was du tun musst?«
Ich wartete ab, während ich vor Spannung fast platzte.
»Du musst morgen früh mit Stefan reden. Ganz ehrlich, ich bin sicher, er kann dir helfen.« Sie streichelte mir den Arm. »Und jetzt leg dich besser schlafen. Es ist halb zwei! Barbara liegt auch schon schön daheim in ihrem warmen Bett. Mach dir keine Sorgen, morgen reden wir darüber.«
Sie spricht mit mir wie mit einem gefährlichen Irren, dachte ich.
Mir fiel nichts mehr ein, wir waren verloren.

11

Kurz darauf lag ich wieder in meinem Bett und starrte in die Dunkelheit. Ich hatte die Sache falsch eingeschätzt; ich hätte Nina nicht ins Vertrauen ziehen dürfen. Morgen würde sie verlangen, dass ich es Stefan erzählte. Und wenn ich das nicht tat, würde sie es selbst tun. Nicht um mich zu verraten, sondern um mir zu helfen.

Wenn mir Barbara doch bloß noch eine Nachricht schicken würde! Dann musste Nina mir glauben.

Halt, stopp! Warte mal! Ich kroch wieder aus dem Schlafsack, ging auf den Flur und öffnete ihre Tür.

»Nina?«

»M-mh.«

»Weißt du, wie Bluetooth funktioniert?«

»Robert, geh schlafen!«

»Nur ganz kurz, nur das noch, danach halte ich den Mund, das schwöre ich.«

Sie seufzte.

»Hat dein Handy Bluetooth?«

»Vielleicht«, sagte sie zögernd.

Das hieß also Ja, sonst hätte sie sofort Nein gesagt. Ich sah wieder ein ganz kleines Licht in der Dunkelheit. Natürlich nur im übertragenen Sinne.

»Darf ich bitte, bitte Barbara mit deinem Handy eine Nachricht schicken?«, fragte ich und flehte innerlich, sie möge Ja sagen.

Wahrscheinlich drückte mir Nina gerade in Gedanken ein Kissen auf das Gesicht, aber sie blieb freundlich. »Morgen, okay?«, schlug sie vor.

»Mal angenommen, du hast recht und ich bin verrückt ...«

»Ich sage nicht, du wärst ...«

»Aber du denkst es«, unterbrach ich sie. »Mal angenommen, ich bin verrückt und du tust für einen Moment, was ich will, das heißt, du lässt mich mit deinem Handy eine Nachricht verschicken. Wenn daraufhin nichts passiert, habe ich mich blamiert und du kannst weiterschlafen. Aber wenn ich recht habe und wir bekommen eine Antwort von Barbara, dann glaubst du mir und wir können uns zusammen einen Plan überlegen. Das Risiko ist gleich null, aber du kannst vielleicht dein Leben retten!«

Sie stöhnte.

»Bitte, Nina. Ich ... ich flehe dich an!«

Eine Zeit lang war es unerträglich still. Im Dunkeln kommt einem die Stille noch drückender vor als sonst.

»Was willst du schreiben?«

Yes!

»Danke! Echt, vielen, vielen Dank!«

»Komm schon, ist ja gut. Was willst du schreiben?« Große Lust hatte sie ganz offensichtlich nicht.

Ich dachte hastig nach. *Überzeuge Nina.* Nein, das war zu allgemein. *Bist du noch da?* Würde Nina mir dann glauben?

Plötzlich fiel mir etwas Schreckliches ein: Barbara musste ihren Akku schonen, also hatte sie ihr Handy mit Sicherheit ausgeschaltet! Sie wusste, dass ich ihr keine Nachrichten schickte.

»Ich habe etwas vergessen: Sie hat ihr Handy ausgeschaltet«, sagte ich leise.

Nina antwortete nicht und ich begriff auch, warum. Jetzt dachte sie ganz bestimmt, dass ich mir bloß etwas aus den Fingern saugte. Was sollte ich tun? Ja, auf den Flur rennen und dann wieder *Alle meine Entchen* singen ...

»Ich will jetzt schlafen«, sagte Nina.

Verzweifelt schloss ich die Augen. Nein, dachte ich. Ich kann jetzt nicht aufgeben, das darf ich einfach nicht.

Ich holte tief Luft. »Ich muss nur ganz schnell was erledigen, ich bin gleich wieder da.«

Dem Hören nach schob sie ihre Bettdecke zur Seite. »Ich wecke jetzt Stefan auf, es geht dir nicht gut, du brauchst Hilfe!«

»Bitte, bitte, zehn Minuten!« Wäre es hell gewesen, dann wäre ich jetzt vor ihr auf den Knien herumgerutscht. »In zehn Minuten bin ich zurück!«

Ich hörte sie wieder seufzen. »Und was hast du zu erledigen?«

»Fünf!«, bettelte ich. »Keine Sekunde länger, bitte, fünf Minuten!«

»Warte einfach hier, ich bin gleich wieder da«, sagte sie.

Ich schüttelte den Kopf, was im Dunkeln natürlich keinen Sinn machte, und tastete nach der Tür.

»Es ist jetzt sechs Minuten vor zwei. Auf den Schlag genau um eine Minute vor zwei bin ich wieder hier. Wenn nicht, gehst du zu Stefan. Fünf Minuten, Nina. Ich flehe dich an, du hast nichts zu verlieren!«

Ohne ihre Antwort abzuwarten, schloss ich die Tür hinter mir.

Nicht nachdenken, einfach nur den Flur entlanggehen! Den Flur, der zu einem langen schwarzen Tunnel geworden war. Mit der linken Hand fuhr ich an der Wand entlang, mit der rechten wedelte ich vor mir her. Genau wie vorhin, nur schneller.

Zuerst schlurfte ich, ohne die Füße anzuheben, über den Boden, um nicht den Kontakt zu verlieren. Aber davon bekam ich einen Riesenkrampf in den Oberschenkeln. Dann machte ich richtige Schritte. Ich hob meine Füße ganz sonderbar an, als müsste ich jedes Mal eine Schwelle überschreiten. Ich merkte zwar, dass das idiotisch war, aber ich konnte nicht anders. Laufen, das traute ich mich nicht, aber schnell gehen schon.

Fünf Minuten hatte ich. Würde Nina warten? Schaute sie jetzt gerade auf ihre Uhr? Hier war die erste Tür. Ich zählte die Schritte zwischen den Türen, um ruhig zu bleiben. Zweite Tür, das war unser Aufenthaltsraum. Würde mein Herz mir jetzt nicht so in den Ohren hämmern, dann hätte ich mich wenigstens auf die Geräusche konzentrieren können. Blinde sehen immer noch irgendetwas, einen vagen Unterschied zwischen hell und dunkel. Mein Gefühl für Entfernungen war vollkommen weg, ich musste also weiterzäh-

len, sonst wusste ich auf dem Rückweg nicht mehr, welche Tür ich nehmen sollte.
Es war fast, als würde ich durch ein Schwimmbecken laufen, unter Wasser. Ein schwarzes Schwimmbecken. Wenn irgendwo jemand stand, würde ich ihn nicht sehen.
Nicht darüber nachdenken!
Meine nackten Füße machten auf dem Boden Patschgeräusche. Mittlerweile lief ich mehr, als dass ich ging. Tausend Gedanken gleichzeitig rasten mir durch den Kopf.
Vierte Tür, fünfte Tür.
Ich habe sehr große Höhenangst, davon bricht mir immer der Schweiß aus. Dass ich auch Angst im Dunkeln hatte, war mir neu. Inzwischen lief mir der Schweiß schon in Rinnsalen über den Rücken.
Zehnte Tür, Wand, Tür, Wand, und auf einmal war ich da.
»Lieber Gott, lass es klappen!«, flüsterte ich.
Ich legte die Hände gegen die Tür, wartete einen Moment, bis ich zumindest ein klein wenig ruhiger war, und klopfte.
Ich klopfte im Rhythmus von *Alle meine Entchen*. Tata, tata, ta-ta ...
Und jetzt hieß es hoffen, dass sie wach war, dass sie es hörte, dass sie es verstand. Und dass es nicht aus Versehen Stefans Zimmer war.
Es blieb still.
Fünf Minuten hatte ich und davon war mindestens schon die Hälfte um. Nochmals klopfen. Tata, tata, ta-ta ...
Wieder warten.
Ob Nina schon an Stefans Bett stand?

Und dann, niemals werde ich es vergessen, mein ganzes Leben lang nicht, dieses schöne rhythmische Trommeln, das ich hörte: Tata, tata, ta-ta!
Ich presste die Faust gegen den Mund, um einen Freudenschrei zu unterdrücken. Schnell antwortete ich: *Köpfchen in das Wasser!* Das war natürlich auch einfach nur: tata, tata, ta-ta.
Dann stand ich auf und rannte zurück. Ja, ich rannte, Ehrenwort. Ich schrappte mit der rechten Hand an der Wand entlang, streckte meine linke vor mich und rannte.
Zwölf Türen, ich durfte nicht aufhören zu zählen, sonst stand ich gleich bei Stefan im Zimmer.
Bleib ruhig, konzentrier dich!
Meine Hand brannte fürchterlich, ich schmirgelte mir die Haut ab, als wäre es eine alte Lackschicht. Nicht jammern, zehn, elf, die Tür auf ...
»Nina«, flüsterte ich.
Stille. Ich schloss die Augen und lehnte mich gegen die Tür. Sie war also doch zu Stefan gegangen. Wir waren verloren.
Jemand tippte mir von hinten auf die Schulter, ich schoss zur Seite.
»Robert«, hörte ich Nina sagen. »Komm mal kurz mit zu Bo.«
»Ist Stefan da?«, fragte ich vorsichtig.
»Nein, ist er nicht.«
Ich stand gegen die Wand gedrückt, als ob ich in ihr verschwinden wollte. »Beweise es!«, sagte ich.
»Jetzt dreh nicht durch!«, antwortete sie kichernd.

Aus irgendeinem Grund beruhigte mich ihre Antwort. Langsam folgte ich ihr.

In unserem Zimmer gab es ein wenig Licht. Bo saß aufrecht im Bett. Nina hatte also ihm Bescheid gesagt anstatt Stefan. Sehr gut! Er ließ sein Handy an die Decke scheinen, seines leuchtete richtig hell. Er schaute besorgt oder böse, eins von beidem; was genau, konnte ich nicht sehen.
»Wartet!«, flüsterte ich. Ich nahm mein Handy und schaute auf das Display.
Na los, flehte ich stumm. Schick eine Nachricht! Du weißt, dass ich wach bin.
Nichts geschah.
Bo räusperte sich. »Hey, Mann, hör mal zu …«, begann er.
Trrr …

12

Ich hörte, wie Nina nach Luft schnappte. Zuerst dachte ich, das käme von der Anspannung, aber es war wohl mehr vor Schreck.

»Was ist mit deiner Hand?«, rief sie.

Im Licht von Bos Handy sah meine Hand in der Tat sehr unschön aus. Es war, als hätte meine Handfläche unter der Schleifmaschine gelegen, ich blutete richtig. Aber dafür hatten wir jetzt keine Zeit.

»Habt ihr mein Handy gehört?«

Bo rümpfte die Nase, ich glaube, wegen meiner blutigen Hand, aber dann nickte er.

»Aufgepasst«, sagte ich, als wäre ich ein Zauberkünstler.

Auf meinem Display stand:

Neue Nachricht von: +316302457

Ich drückte auf »Lesen«:

Akku fast leer. Wieso bist du noch da?!
Fliehen und polizei holen!

Zuerst hielt ich es Nina hin. »Hä?«, rief die nur.

Dann gab ich Bo mein Handy. Er nahm es vorsichtig entgegen und las die Nachricht. Er las und las, als wäre sie drei Din-A4-Seiten lang.
»Seht ihr?«, sagte ich. »Die ist von Barbara!«
Bo las einfach weiter. Es waren nur ein Dutzend Wörter, aber er starrte weiter auf den kleinen Bildschirm. Vor Nervosität fing ich an zu lachen.
Endlich hob er den Kopf. »Was genau hast du vorhin gesagt?«
»Dass das eine Nachricht von Barbara ist«, wiederholte ich.
»Nein, ich meine: Was genau hast du Nina erzählt?«
Ich wickelte mir meinen Kissenbezug um die Hand und wiederholte alles noch einmal. Wir saßen jetzt zu dritt auf dem unteren Bett, beleuchtet von Bos Handy. Meine Hand pochte und brannte, aber ich versuchte sie nicht zu beachten.
Ich erzählte genau dieselbe Geschichte wie vorhin und doch war jetzt alles völlig anders. Nina reagierte, als würde sie es zum ersten Mal hören, und Bo sagte nach jedem Satz etwas wie: *»Shit, man!«* oder »Einfach nicht normal!« oder *»Woooh!«*
Als ich fertig war, sprang Nina auf, die Augen groß vor Angst. Sie trug ein Nachthemd mit Snoopys drauf, sah ich jetzt. »Wir sind in Gefahr, sie werden uns ... Wir müssen was tun!«, jammerte sie.
Ach tatsächlich? War sie auch schon dahintergekommen?
»Na siehst du«, erwiderte ich. Und dann auch noch: »Ich hab's doch gesagt, du wolltest mir ja nicht glauben!« Ich wusste selbst, wie kindisch ich klang.

»Tut mir echt leid, wirklich! Ich könnte mich vor den Kopf schlagen!«, rief sie.
Okay, das wollte ich nur hören.
»Schon gut«, lenkte ich ein.
»Nichts wie weg hier!« Bo bückte sich nach seinen Socken und Schuhen. »Wir hauen ab und sobald wir Empfang haben, rufen wir die Polizei wegen ... wie heißt sie noch mal?« Er zeigte auf mein Handy.
»Barbara«, sagte Nina. »Ich hole nur meine Sachen, geht bitte nicht ohne mich!«
So schnell wie möglich wickelte ich meine Hand aus dem Kissenbezug. Es brannte, als hätte ich sie auf einen glühenden Gartengrill gelegt. Mit der linken Hand zog ich mir die Schlafanzughose runter, die rechte war nicht zu gebrauchen.
»Wir rennen einfach die Straße entlang. Nach einem halben Kilometer müssten wir schon wieder Empfang haben«, sagte Bo.
»Und dann heißt es hoffen, dass man uns glaubt«, fügte ich hinzu.
Nina kam wieder herein. Sie sah nicht lange zu, wie ich mich beim Anziehen abmühte. »Komm, hoch die Arme!«, befahl sie. Wie eine trainierte Altenpflegerin half sie mir in meine Klamotten und anschließend in die Schuhe.
»Begreift ihr denn, was genau sie von uns wollen?«, fragte sie währenddessen. »Wenn ich an einen reichen Ölscheich verkauft werde, dann führe ich dem aber bestimmt keine Kunststückchen vor!«

»Wer sagt, dass sie uns lebend haben wollen? Gesunde junge Leichen sind interessant für die Wissenschaft«, antwortete Bo. »Seid ihr fertig?«
Wirklich aufmunternd, Bo und seine gesunden jungen Leichen. Da hätte er mir auch gleich einen Hieb in den Magen verpassen können!
Ich nahm mein Handy und folgte ihm. »Hör nicht auf ihn!«, flüsterte ich Nina zu.
Es klang so, als ob sie leise weinte, aber sicher war ich mir nicht.

Dank Bos Handy hatten wir wenigstens etwas Licht. Geräuschlos gingen wir auf die Außentür zu.
Die ist natürlich abgeschlossen, dachte ich. Und dann? Gibt es irgendwo einen Raum mit Schlüsseln? Vielleicht müssen wir in Stefans Schlafzimmer gehen und heimlich seine Kleidung durchsuchen.
Aber wir hatten Glück. Die Tür hatte so einen Drehknopf, wodurch sie von innen zu öffnen war und von außen nicht. Bo drehte ihn und die Tür war im Nu offen, so einfach war die Sache.
»Wartet!«, flüsterte er. »Wir wissen nicht, ob die Einfahrt auch unverschlossen ist.«
»Das werden wir dann schon sehen«, erwiderte Nina ungeduldig.
Bo schüttelte den Kopf. »Wenn wir es nicht schaffen, dann müssen wir wieder hinein. Die Tür darf auf keinen Fall zufallen!«

»Wir legen irgendwas dazwischen.« Ich schaute auf den Boden, aber da war keine Fußmatte, die man hätte verwenden können.

»Sonst geh du doch vor und sieh nach, ob wir hinauskönnen.« Zum Glück schaute Bo dabei Nina an und drückte ihr auch gleich sein Mobiltelefon in die Hand.

»Gute Idee«, fand ich.

»Sonst noch was?«, sagte Nina. »Wieso geht ihr nicht selbst vorneweg? Ich warte hier so lange!«

Bo schwieg. Ob er Angst hatte?

»Also gut, okay. Kommst du mit?«, fragte Nina mich leise.

»Geht klar«, antwortete ich cool.

Wir huschten hinaus und schlichen direkt zur Einfahrt. Mit der linken Hand drückte ich auf die Klinke. Das Tor war verschlossen.

Nina fluchte und versuchte es selbst auch noch einmal. Aber das Tor ließ sich wirklich nicht öffnen. Sie leuchtete mit dem Handy nach oben. Da hinaufzuklettern war völlig ausgeschlossen, es gab keine Öffnungen, man konnte sich nirgendwo festhalten. Eigentlich war es mehr eine eiserne Wand als ein normales Einfahrtstor. Und sie war über zwei Meter hoch, wir brauchten also eine Leiter. Aber was das Schlimmste war: Ganz oben befand sich auch noch Stacheldraht. Stefan hatte erwähnt, dass hier früher eine Hühnerfarm gewesen sei, und der Stacheldraht habe dafür gesorgt, dass die Hühner nicht wegflattern konnten.

Unsinn, wusste ich jetzt. Der Stacheldraht war eindeutig nagelneu und sollte dafür sorgen, dass *wir* nicht wegflatterten.

»Vielleicht gibt es irgendwo ein Loch im Zaun«, flüsterte Nina.
Ich nickte und wir liefen eine Runde um das Gebäude. Nina leuchtete auf den Zaun. Erst jetzt merkte ich, dass es eiskalt draußen war, vielleicht fror es sogar. Außerdem hörte meine wundgescheuerte Hand nicht auf zu brennen, verdammt, wieso war ich nicht etwas vorsichtiger gewesen!
Kurze Zeit später waren wir wieder am Anfang angekommen. Wir saßen wie Mäuse in der Falle, wie Hühner in einer Hühnerfarm, es gab keinen Fluchtweg. Nina lief panisch auf und ab, zwei Schritte hin, zwei Schritte her, zwei Schritte hin ... Im Schein des Handys sah ich ihre Atemwölkchen.
»Hey!« Das war Bo. Jedenfalls hoffte ich das. Leise gingen wir wieder zur Tür.
Ja, es war Bo. »Und?«, fragte er.
»Nichts«, flüsterte ich.
Wütend trat er gegen die Tür.
»Psst!«, zischte Nina. Sie schaltete die Handyleuchte aus, um den Akku zu schonen.
»Wir gehen wieder rein«, sagte ich. »Wenn sie uns hier erwischen, werden wir eingesperrt. Besser, sie glauben, wir wären immer noch ahnungslos.«
»Aber dann sind wir verloren!«, flüsterte Nina. »Wir müssen irgendwas tun!«
»Wir schicken Barbara eine Nachricht«, schlug Bo vor. »Vielleicht hat sie eine Idee.«
»Sie hat ihr Handy ausgeschaltet, weil ihr Akku fast leer ist«, erwiderte ich.

»Ich gehe zu ihrem Fenster«, sagte Nina.
Gute Idee!
Sie zog mich am Arm. »Kommst du?«
Ach, sie meinte also: Wir gehen zu ihrem Fenster ... Ich nickte und folgte ihr.
»Viel Glück!«, flüsterte Bo.
Wenn wir hier lebend rauskommen, dachte ich, dann bleiben wir Freunde. Für immer und ewig. Das betete ich so lange vor mich hin, bis wir unter Barbaras Fenster standen.
Für immer und ewig!

13

Die Fenster waren mit Brettern vernagelt, das hatte ich vorhin schon gesehen. Wir steuerten sofort auf das letzte in der Reihe zu. Behutsam glitt ich mit der linken Hand über das Holz und klopfte: *Alle meine Ent-chen …*
Barbara reagierte nicht. Vielleicht konnte sie mich nicht hören. Aber laut drauflosshämmern ging nicht, bei der fürchterlichen Stille, die uns umgab. Nina suchte alles mit dem Licht des Handys ab.
»Leuchte noch mal nach oben«, sagte ich.
Ich hatte richtig gesehen: Da gab es einen Spalt zwischen Brett und Fenster.
»Vielleicht steht ihr Fenster ja offen, dann kann ich hineinleuchten.« Ich nahm das Handy und richtete das Licht auf die Stelle, um ihr zu zeigen, was ich meinte.
»Gute Idee!«, flüsterte Nina.
Das fand ich auch. Nur reichten wir nicht bis dorthin, das Fenster war zu hoch. Außerdem wurde Bos Handyleuchte deutlich schwächer …
Nina stellte sich mit dem Rücken an die Hauswand und machte eine Räuberleiter. Schlau! Ich steckte das Handy ein, hielt mich an ihrer Schulter fest und setzte meinen Fuß in ihre Hände. Ob sie mein Gewicht tragen konnte? Mei-

nen rechten Ellenbogen hakte ich hinter ihre andere Schulter, die Hand konnte ich nicht gebrauchen. Ganz langsam und wackelig richtete ich mich auf und hielt mich schnell an dem obersten Brett fest. Ich hörte etwas quietschen, aber ehe mir klar wurde, was es war, schwebte ich schon rücklings durch die Luft, genau wie beim Stabhochsprung, und knallte dann der Länge nach ins Gras. Ich fühlte den Schlag in meinem Kopf, obwohl ich flach auf den Rücken gefallen war. Vorsichtig richtete ich mich etwas auf und verharrte dann regungslos auf dem Boden. Mit dröhnendem Schädel beobachtete ich sämtliche Fenster. War jemand aufgewacht, sah ich irgendwo einen Lichtstrahl? Auch Nina verhielt sich für einige Minuten mucksmäuschenstill.

»Mensch, so ein Mist! Robert, alles okay?«, flüsterte sie dann. Ich spürte ihre Hand auf meinem Rücken.

Ich nickte. Schmerzen hatte ich keine, aber mir war schwindelig und auch ein wenig übel.

»Alles okay?«, fragte sie jetzt etwas lauter.

Ach richtig, nicken machte keinen Sinn. »Einigermaßen«, antwortete ich und wünschte, das wäre wahr.

Ich nahm das Handy und strahlte Barbaras Fenster an. Das oberste Brett war jetzt also ab und das kleine Fenster lag weitgehend frei. Es stand auf kipp, genau wie in unserem Zimmer.

»Gut gemacht!«, sagte Nina und lachte nervös. Sie nahm das Handy, hielt es, so nahe es ging, an das Fenster und machte das Licht ein paarmal an und aus.

Ich saß immer noch im Gras und fühlte mich seekrank.

»Wach bitte auf!«, flüsterte Nina. Sie leuchtete weiter hinein, wechselte dabei mehrmals den Arm. Ich glaube, sie war mindestens zehn Minuten so zugange, aber nichts geschah. Jetzt wird sie wach, dachte ich. Jetzt, *jetzt!*

Langsam stand ich auf. Mir war, als hätte ich schweres Fieber, alles war steif und schmerzte und mein Schädel wummerte und meine rechte Hand … Na ja, keine Zeit, sich zu beklagen.

Vorsichtig streckte ich mich. Wenn ich nur nicht ernstlich verletzt war, der Rücken ist eine Schwachstelle in der Leichtathletik. Inzwischen starrte ich auf die anderen Fenster, ob nicht irgendwo ein Lichtstrahl hindurchdrang. Wir flüsterten zwar die ganze Zeit und waren sehr leise, aber man konnte ja nie wissen.

Nina blinkte stur weiter.

Und dann erschien eine Hand vor dem Fenster, weniger als eine Sekunde, hopp und wieder weg. Trotzdem hatten wir es beide gesehen. Sofort danach noch einmal: eine Hand und weg.

Nina lachte einmal nervös auf. »Sie springt!«, sagte sie.

Offenbar gab es in Barbaras Zimmer keinen Stuhl.

»Komm.« Nina schob das Handy in die Tasche und faltete die Hände. Ich hievte mich wieder hoch und steckte die Nase durchs Fenster.

»Barbara, ich bin's, Robert«, flüsterte ich.

»Robert!«, hörte ich dann leise. »Was machst du denn noch hier? Ihr müsst fliehen und die Polizei rufen!«

Ich erzählte schnell, was los war.

»Gut, dann ist es also aus«, sagte Barbara. Das klang so sicher und so sachlich, dass ich mich zu Tode erschreckte.
»Ach was!«, sagte ich schnell.
Keine Antwort. Nina atmete mittlerweile immer schwerer.
Ich räusperte mich. »Wir kommen wieder hinein, sie sollen glauben, wir wüssten von nichts. Wir lassen uns etwas einfallen, Ehrenwort!«
»Okay«, kam es leise aus dem Zimmer.
»Was sagt sie?«, ächzte Nina.
»Kannst du noch?«, fragte ich sie.
»Na klar«, presste sie hervor, »Kleinigkeit!«
»Barbara, ich weiß ganz sicher, dass wir hier wegkommen!« Ich glaubte selbst nicht die Bohne von dem, was ich sagte, aber egal.
»Okay«, erwiderte sie noch einmal.
»Ist ihr Akku leer?«, fragte Nina.
Ich gab die Frage an Barbara weiter und sie bejahte es.
»Komm mal runter«, hörte ich Nina sagen.
Ich dachte, sie könnte mich nicht mehr halten, und sprang sofort. Aber sie wollte nur, dass ich Barbara ihr Handy gab.
»Sobald sie erneut etwas hört, ein Telefonat oder so, muss sie uns eine Nachricht schicken«, flüsterte Nina.
Ich kletterte wieder hinauf, das Telefon in meiner Tasche, reichte es Barbara durch das Fenster und wiederholte, was Nina gesagt hatte.
»In Ordnung ... nein, das geht nicht!«, erwiderte sie. »Die Reichweite meines Handys ist erhöht, die von ihrem sicher nicht, oder?«

Ich hatte keinen blassen Schimmer, wovon sie sprach. »Ob deine Reichweite erhöht ist«, fragte ich Nina.
»Mist, nein!«
»Nein«, gab ich an Barbara weiter.
»Mist!«, sagte auch sie.
Wir hatten eindeutig ein neues Problem, auch wenn ich nicht wusste, welches. Zwei Mädchen, die beide mehr Ahnung von Handys hatten als ich!
Ich hörte Nina unter meiner Last schwer atmen, sie konnte mich offenbar kaum noch halten.
»Stellt euch morgen um zehn an meine Tür, dann schicke ich eine Nachricht«, sagte Barbara.
Warum?, wollte ich fragen, aber Nina fiepte, dass sie nicht mehr könne. »Keine Angst, wir lassen uns nicht einfach so verkaufen!«, sagte ich noch, bevor ich sprang.
Das ist das Merkwürdigste, das ich je in meinem Leben zu jemandem gesagt habe, dachte ich, als wir zurück zur Eingangstür schlichen.

Kurz darauf saßen Bo und ich wieder auf meinem Bett, während Nina auf und ab ging.
In einer Art Kleiderschrank auf und ab zu gehen, das sollte ihr erst mal jemand nachmachen! Ich wünschte inständig, sie würde endlich stehen bleiben, sie machte mich ganz nervös damit. »Wird dir nicht schwindelig?«, fragte ich vorsichtig.
»Nein«, antwortete Nina knapp.
»Ihr hättet Barbara fragen sollen, was genau sie alles mitbekommen hat«, sagte Bo.

»Weißt du was? Geh doch einfach hin und frag sie selbst!«, antwortete Nina giftig.
Kein Streit jetzt, bloß kein Streit!, dachte ich.
Ein Glück, Bo entschuldigte sich ganz leise und dann meinte Nina noch leiser, es sei okay.
»Wir müssen uns eine Strategie ausdenken«, entschied Bo.
Ich klapperte so laut mit den Zähnen, dass ich ihn fast nicht verstand. Es war, als würde die Kälte von draußen erst jetzt richtig zuschlagen.
»Beim Schach hat man eine Partie erst dann verloren, wenn man schachmatt ist«, sagte Bo.
Meiner Meinung nach waren wir längst schachmatt, der Gegner musste nur noch seinen letzten Zug machen. Ich schaute auf mein Handy. Fast vier Uhr früh, ich konnte nicht mehr.
»Was war das vorhin mit der Reichweite?«, fragte ich.
»Barbara hat die Bluetooth-Reichweite in ihrem Handy erhöht, deshalb konnte sie dir auch noch über diese Entfernung Nachrichten schicken«, erklärte Nina.
»Ja, normalerweise reicht Bluetooth nur zehn Meter weit«, sagte Bo.
Wieso wussten das alle und nur ich nicht? Na ja, jedenfalls kapierte ich jetzt, weshalb sie immer wieder »Mist!« gesagt hatten. »Können wir mein Bluetooth denn nicht auch erhöhen?«, fragte ich, während ich meinen Schlafsack über mich zog.
»Nein, dazu braucht man einen Computer«, sagte Nina. »Aber morgen genau um zehn Uhr schickt sie eine Nach-

richt. Wenn wir dann vor ihrer Tür stehen, sind wir nah genug dran, um sie zu empfangen.«
Wir waren eine Zeit lang still.
»Wir müssen uns eine Strategie ausdenken«, sagte Bo noch einmal, aber seine Stimme klang viel kraftloser als zuvor.
Ich legte mich hin und schloss die Augen. Was denn, Strategie? Alles arbeitete gegen uns, wirklich alles! Wir waren verloren, wir hatten keine Chance. Das Einzige, was wir noch tun konnten, war uns wehren, treten, schreien, beißen ... Aber dann? Dann stachen sie einem eine Betäubungsspritze in den Hintern und alles war vorbei. Ich musste wieder an diese gesunden jungen Leichen denken.
Nina legte sich neben mich. Einfach so lag ich plötzlich neben dem schönsten Mädchen, das ich je in meinem Leben gesehen hatte. Trotzdem hätte ich hundert Millionen Euro dafür gegeben, wenn ich jetzt allein in meinem eigenen Bett hätte sein dürfen.
»Was unternimmt die Polizei, wenn man uns vermisst?«, fragte ich.
Sie schwiegen. Vielleicht zuckte Bo mit den Achseln, vielleicht hatten sie mich nicht gehört, ich hatte keine Ahnung. Es blieb jedenfalls totenstill.
Ich dachte an meine Eltern und an meine Schwester. Was würde Stefan ihnen sagen? »Ihr Sohn wird vermisst«? Oder würde er einfach nichts mehr von sich hören lassen? Ich fühlte, wie ich plötzlich in ein tiefes schwarzes Loch fiel. Aber ganz in der Ferne hörte ich die Stimme meines Trainers. Er hielt eine seiner berühmten Predigten: »Wenn ihr

einen Marathon lauft, gibt es immer einen Punkt, an dem ihr nicht weiterkönnt. Ihr seid kaputt, ihr seid richtig alle, ihr heult vor Müdigkeit, mehr noch: Ihr fallt fast tot um. In dem Augenblick geben gewöhnliche Leute auf. Sie setzen sich hin und sagen: Hier ist meine Grenze. Aber wir Sportler, wir lieben genau diesen Moment. Wir denken: Endlich, da ist die Grenze. Jetzt kann ich beweisen, wer ich bin, jetzt kann ich zeigen, dass es für mich keine Grenzen gibt! Gerade in diesem Moment legt der Sportler noch mal eins drauf!«

Ich fuhr hoch. War mein Trainer etwa hier? Oder hatte Bo das alles gesagt? Dann wurde mir klar, dass ich das nur in meinem Kopf gehört hatte.

Nina begann schneller zu atmen. Ich dachte erst, sie würde lachen, aber dann hörte ich, dass sie weinte.

»Ich hab solche Angst«, schluchzte sie. »Sie werden uns einfach umbringen!«

Am liebsten hätte ich mir die Finger in die Ohren gesteckt.

»Uns fällt schon noch was ein, ehrlich!«, flüsterte ich verzweifelt.

»Nein. Es gibt keinen Ausweg, wir sitzen fest.« Sie weinte genauso wie ich. Als hätte sie damit bei mir auf einen Knopf gedrückt, traten auch mir die Tränen in die Augen.

»Wirklich, ich fühle einfach, dass alles wieder in Ordnung kommt.« Gern hätte ich noch viel mehr solcher Dinge gesagt, aber mir fiel nichts ein. Zum Glück hörte ich nach einer Weile, dass Nina eingeschlafen war. Ich drückte die Handylampe an und gleich wieder aus. Bo hatte sich mit dem Rücken zur Wand auf den Boden gesetzt.

»Komm, wir überlegen uns was«, sagte ich.
»Es gibt nichts mehr zu überlegen.« Ich hörte an seiner Stimme, dass er jetzt in dem tiefen schwarzen Loch saß.
»Oh doch!«, sagte ich streng. »Du bist ein Schachspieler, du kannst gut denken.«
»Das hier ist kein Spiel!«, erwiderte er heftig.
Ich ließ mich nicht entmutigen. »Bo, stell dir mal vor: Dein Gegner hat noch alle seine Figuren und du hast nur mehr deinen König und einen einzigen Bauern auf dem Brett. Was machst du dann?«
»Dann werfe ich meinen König um und gratuliere dem Gegner zu seinem Sieg«, sagte er dumpf.
»Dann bist du ein Waschlappen!«, rief ich und meinte eigentlich: ein Loser. »Nicht weil du verloren hast, sondern weil du schon aufgibst, bevor du verloren hast.«
»Halleluja! Amen!«, murmelte er.
Ich ballte meine rechte Hand zu einer Faust. Es tat so weh, dass mir prompt die Tränen in die Augen sprangen.
»Und was ist mit deinen Eltern?«, fragte ich.
Es blieb lange still. Dann sagte er: »Du Arsch!«
Wut ist immer noch besser als Verzweiflung, dachte ich. Ich überlegte schnell: Hatte er etwas von einem kleinen Bruder oder einer kleinen Schwester erzählt? Einem Hund vielleicht? Er hatte vorhin so viel geplappert, hätte ich nur besser hingehört ...
Aber das war gar nicht mehr nötig. »Wenn ich noch einen Bauern hätte ...«, begann Bo.
»Ja?«, fragte ich gespannt.

Ich hörte ihn durch die Nase einatmen. Zerbrach er sich jetzt den Kopf oder dachte er: Mann, hau doch ab und lass mich mit deinem Schachgefasel in Ruhe?
»... dann würde ich Zeit schinden«, sagte er langsam. »Der Gegner muss mich ja innerhalb einer gewissen Zeit schachmatt setzen. Ja, das würde ich tun: Vor seinen Angriffen flüchten und dabei möglichst viel Zeit schinden.«
Uff, er war vom Boden weg, er hing wieder neben mir, am Rand des Abgrunds.

14

Flüchten und Zeit schinden also. Vielleicht war es völlig an den Haaren herbeigezogen, dieser Vergleich mit dem Schachspiel, aber irgendwas mussten wir schließlich tun.
Ich hörte den Reißverschluss von Bos Tasche. »Wir müssen alles, was wir von unserem Gegner wissen, systematisch ordnen. Spielt er auf Nummer sicher, weiß er genau, was er will, ist er nachlässig, kann man ihn nervös machen?«
Weiter, nur weiter, dachte ich.
Er setzte sich wieder neben mich. Vorsichtig schoben wir eines von Ninas Beinen beiseite. »Leuchte mal.«
»Suchst du jetzt eine Strategie heraus?«, fragte ich verwundert.
»Nein, aber ich will alles aufschreiben, was wir von unserem Gegner wissen. Ich habe zwar einen Stift, aber keinen Block. Du auch nicht, oder?«
»Nein.«
»Hier ist ein Blatt Papier, das muss reichen. Okay, sag mir noch mal ganz genau, was in den Bluetooth-Nachrichten von Barbara stand.«
Wir machten uns an die Arbeit. Bo schrieb und ich leuchtete. Ich war schlaff vor Müdigkeit, aber mein Kopf war hellwach.

Um Viertel vor fünf hatten wir alles notiert, was wir wussten. Die Informationen aus Barbaras Nachrichten hatte Bo unterstrichen.

Allgemein:
Zwei Jungs und zwei Mädchen.
Alle vier talentiert, attraktiv und intelligent.
(Max gegen Bo ausgetauscht.)

Informationen von Barbara:
Morgen Transport (auf spanisch)
300 000 Euro (pro Person?)
Menschenhandel?

Was wir von ihnen wissen:
Arzt (Stefan): Freundlichkeit nur äußerer Schein.
Zahnarzt sagte: „Ja, das habe ich gesehen! Laufen kannst du!" Er muss Robert auch in Wirklichkeit laufen sehen haben.
Assistentin sagte: „Wirklich eine prächtige Ladung dieses Jahr."
Kameramann: (Ausländer/Spanier?)

Fragen:
* An wen werden wir verkauft?
  Die Käufer sind reich.
* Was wollen die Käufer mit uns anfangen?
  Vermutung: Hängt irgendwie mit unseren Talenten zusammen.
* Wozu sind all diese Fotos und Filme gut?

Vermutung: Für den Verkauf, sie bieten uns an.

* Weshalb musste Max nach Hause und Barbara nicht?

Vermutung: Es gibt irgendwas, wodurch er nicht verkauft werden kann.

Und: Sie haben Angst, Barbara könnte zur Polizei gehen.

Ihre Strategie:
Möglichst viele Informationen über uns sammeln und an die Käufer weitergeben.

Unsere Strategie:
Zeit schinden, Schwierigkeiten machen. Hauptziel: Fliehen und die Polizei rufen.

Als alles so deutlich auf dem Blatt Papier stand, wurde mir noch banger als ohnehin schon. Ich hätte schreien können vor Angst.

Bo starrte auf die Notizen wie ein Schachspieler auf sein Brett. »Morgen Transport«, murmelte er. »Wohin, nach Südamerika? Wahrscheinlich schon, da wird Spanisch gesprochen und wir mussten uns ja auch auf spanisch vorstellen. Aber wie bekommt man einen strampelnden Jungen in ein Flugzeug?«

»Bo, halt den Mund!«, rief ich.

»Darum erst morgen, na klar!«, fuhr er ruhig fort. »Sie müssen noch irgendwas mit uns anstellen, etwas, wodurch wir ganz willig mitkommen. Also müssen wir Zeit schinden. Du gehst morgen um zehn Uhr mit deinem Handy zu Barbara und wartest auf ihre Nachricht. Ich tue so, als könnte ich mein Bett nicht verlassen. Damit kann ich sie Stunden hinhalten, das schaffe ich zu Hause auch immer.«

Wir waren wieder eine Zeit lang still.

»Was werden sie vor zwei Uhr noch mit uns anstellen?«, murmelte Bo. »Vielleicht Hypnose! Sie machen willenlose Zombies aus uns!«

Ich ballte nochmals meine rechte Hand zur Faust, um sicherzugehen, dass ich nicht träumte. Autsch!

»Aber dann? Wer will schon einen Zombie kaufen?«, fragte Bo. »Von einer Leiche hat man zumindest noch was, die kann man aufschneiden und studieren.«

»Hör bitte auf!«, flüsterte ich.

Bo boxte mir sanft gegen die Schulter. »Wir schaffen das schon«, sagte er. Bestimmt glaubte er, das klänge irgendwie beruhigend.

15

»Robert! Robert!«
Ich hörte die Stimme zwar und merkte auch, dass jemand mich an der Schulter rüttelte, aber es war, als befände ich mich auf einem anderen Planeten.
»Robert! Junge, Junge, schlaft ihr Sportler alle so fest?«
Stefan! Mit einem Schlag war ich wieder auf der Erde. Rasend schnell fiel mir alles wieder ein. *Tomorrow at the Top* ... Kinderhandel. Ach ja, und die Schlussfolgerung: Zeit schinden und fliehen. Nanu, Nina lag gar nicht mehr neben mir! Die war bestimmt wieder in ihr eigenes Bett gegangen.
»Hast du Nina schon geweckt?«, fragte ich.
»Wieso? Hättest du das lieber getan?« Stefan lachte.
Haha, wie lustig! Ich richtete mich vorsichtig auf und stöhnte. Alles tat mir weh, vom Scheitel bis zu den Fußsohlen.
»Ihr habt einfach zu lange wach gelegen und gequatscht«, meinte Stefan. »Los, Männer, ich hole schon mal unser Frühstück.«
Er verließ das Zimmer.
»Bo!«, flüsterte ich.
Bo sprang mit einem Satz aus dem Bett. »Heute bekommen wir also zu hören, welche Zukunftspläne sie für uns haben. Ich bin ja so neugierig!«, sagte er laut.

»Wie ...«, begann ich irritiert.
»Ich habe wunderbar geschlafen, mindestens neun Stunden am Stück, falls mich einer fragt!« Er schaute mich durchdringend an.
Ich schielte zur Decke. Eine rote Lampe? Wie, hatten wir die heute Nacht übersehen? Nein, unmöglich! Im Dunkeln bemerkt man so ein Licht auf jeden Fall.
»Ich auch, wunderbar!« Ich versuchte zu lächeln.
»Was ist mit deiner Hand passiert?«, fragte Bo mit gespielter Neugier.
Ja richtig, ich musste mir eine gute Geschichte dafür einfallen lassen. Die wunden Stellen waren mittlerweile verschorft, es tat zum Glück schon viel weniger weh als letzte Nacht.
»Ich bin gestern im Dunkeln an der Wand entlanggeschabt«, begann ich.
»Warum denn das?«, fragte Bo, um mir zu verstehen zu geben, dass diese Erklärung nicht reichen würde.
»Ja, also das war ...« Tja, wann scheuert man so idiotisch fest über eine Wand?
»Konntest du vielleicht die Toilette nicht finden?«, half Bo mir auf die Sprünge.
Ich nickte zufrieden. »Ja genau, ich bin in die völlig falsche Richtung gelaufen.«
»Übel«, sagte Bo.
»Ja, übel«, antwortete ich.
Zeit schinden also. Ich blieb mindestens eine halbe Stunde auf der Toilette hocken. Nina saß schon am Tisch, als ich den

Aufenthaltsraum betrat. Sie sah ängstlich und todmüde aus und das Gleiche galt bestimmt auch für mich.
»Hallo. Hast du gut geschlafen?«, fragte sie.
»Wunderbar, mindestens neun Stunden am Stück, falls mich einer fragt«, antwortete ich. Es hörte sich an wie der Wetterbericht, so aufgesagt klang es aus meinem Mund.
Stefan kam rein, wieder mit einer weißen Kiste. »Soso, Spitzensportler, wo hast du so lange gesteckt?«, fragte er.
»Auf dem Klo«, antwortete ich.
»Eine halbe Stunde lang?«
Ich nickte verlegen.
»Ach ja, immer gut, wenn man es los ist«, sagte er leichthin. »Hier sind Brötchen und Orangensaft.« Rasch verteilte er die Sachen. Es fehlte nicht viel und er hätte sie uns zugeworfen. »Esst, Leute! Wir hinken unserem Zeitplan ein wenig hinterher, das heißt, wir gönnen uns nur eine halbe Stunde fürs Frühstück.« Bei Nina blieb er kurz stehen, um sie mit gerunzelter Stirn zu betrachten. »Nur gut, dass wir die Fotosession schon gestern gemacht haben!«
Nina nickte beschämt. »Ich schlafe nie gut in einem fremden Bett«, sagte sie.
»Dann wird es höchste Zeit, dass du dich daran gewöhnst. Wo ist Bo?«
Was wäre, wenn ich jetzt sagte: ›Ach, der will noch etwas Zeit schinden‹? Ich nahm gegenüber von Nina Platz. »Er kommt gleich.«
Stefan schnalzte irritiert mit der Zunge. »Ist der verrückt geworden? Er hat doch schon einen solchen Rückstand!

Robert, du bist der Einzige, mit dem wir im Zeitplan sind. Nina, mit dir sind wir auch noch längst nicht so weit! Geh und hol ihn!«
Ich wollte schon aufspringen, besann mich dann aber eines Besseren. So ruhig wie möglich nahm ich mir ein Brötchen und schälte es andächtig aus seiner Plastikhülle. Bei dem Gedanken, es zu essen, musste ich beinahe würgen.
»Robert!«, drängte Stefan ungeduldig. »Geh und hol ihn her!«
»Ach, du sprichst mit mir?« Ich stand auf und schlenderte zur Tür.
»Würde man glauben, dass da ein zukünftiger Olympiasieger geht?«, hörte ich Stefan noch fragen.
Ninas Antwort verstand ich nicht. Wie ein Rentner am Sonntagmorgen schlurfte ich durch den Flur zu unserem Zimmer.
Bo lag im Bett. »Bo, du sollst kommen!«, sagte ich.
Er reagierte nicht, also rüttelte ich ihn sanft an der Schulter. »Bo, wir müssen frühstücken!«
Er war so schlaff wie ein Federbett. Ich erschrak bis ins Mark: Er war doch nicht etwa tot? Das war doch wohl nur ein Trick von ihm? »Bo, wach auf!«, schrie ich und riss ihn hoch.
Er öffnete ein Auge. »Wollen wir nicht lieber cool bleiben?«, fragte er freundlich.
»Liebe Güte, Mann!« Ich holte tief Luft und sagte, dass er zum Essen kommen solle. »Es gibt wieder diese wunderbaren Brötchen, der gemütliche Frühstückstisch steht bereit.«

Er winkte mich zu sich heran. »Ich weiß einen Witz, allerdings einen schmutzigen«, sagte er.
Ich kam etwas näher, er winkte weiter, noch näher, noch näher, immer weiter weg von der Kamera. »Kannst du nicht mit einem Stab über den Zaun springen?«, flüsterte er.
Ich blieb vorgebeugt, wie ich war. »Nein, der Stab muss biegsam sein.«
»Okay, jetzt Nummer zwei: Kannst du ohne Anlauf hochspringen?«
»Na ja«, gestikulierte ich mit der Hand.
»Ich lenke sie ab, du rennst mit den weißen Proviantkisten nach draußen, es sind mittlerweile schon vier. Aufeinanderstapeln und springen, mit dem Schlafsack als Polsterung beim Fall.«
Er schaute mich fragend an. Ich nickte.
»Okay, und jetzt lachen!«
Ich richtete mich wieder auf und lachte. Na ja, lachen ... Habt ihr schon mal einen Truthahn gackern hören?
Bo gähnte ausgedehnt. »Ich glaube, ich bin noch mal eingeschlafen«, meinte er lahm.
»Und das, obwohl du schon volle neun Stunden geschnarcht hast!«, sagte ich, während ich aus dem Zimmer ging. Vier Kisten, das bedeutete, dass ich nachher den Stacheldraht küssen durfte.
Als ich wieder in den Aufenthaltsraum kam, stand Stefan schon bereit. »Bo muss dann halt allein frühstücken«, sagte er. »Robert, du kommst jetzt mit mir und Nina wird in einer Viertelstunde zum Röntgen geholt.«

Nina blickte auf ihre Uhr und dann zu mir. Ich wusste sofort, was sie meinte: Barbara! Noch zehn Minuten!

»Darf ich vorher kurz aufs Klo?«, fragte ich.

»Klein?«, fragte Stefan.

Ich nickte.

»Besser, du verkneifst es dir jetzt. Ich brauche gleich noch eine Urinprobe von dir.« Er lachte triumphierend, als hätte er mich durchschaut.

»Okay«, sagte ich, blieb aber sitzen. Ich musste mein Handy irgendwie an Nina weitergeben, damit sie um zehn Uhr zu Barbara gehen konnte.

»Wieso werde ich geröntgt?«, fragte Nina mit dünner Stimme.

»Wir wollen nachschauen, ob dein Inneres genauso schön ist wie dein Äußeres«, antwortete Stefan und freute sich wieder mal über sich selbst.

Nina lachte herzlich mit ihm mit, aber ich brachte nicht mal ein Grinsen zustande. Röntgenaufnahmen, da ging es doch um die inneren Organe? Illegaler Handel mit Nieren, Mägen, Herzen ... Aber weshalb dann die zahnärztliche Untersuchung, die vielen Fotos, der Stimmtest und alles?

»Und was soll ich machen?«, fragte ich.

»Überraschung«, sagte Stefan. »Na komm schon, du Weltmeister!«

Ich stand auf und ließ mein Handy neben meinem Teller liegen. Nina hatte es gesehen, das wusste ich.

Sobald ich das Untersuchungszimmer betrat, war ich wieder in voller Alarmbereitschaft. Ich sah Injektionsnadeln, Röhr-

chen, Fläschchen, Schachteln ... In Gruselfilmen waren das genau die Räume, die man unbedingt meiden sollte.
»Wir sind im Handumdrehen fertig«, versuchte Stefan mich zu beruhigen. »Nimm schon mal Platz.«
Einatmen, ausatmen, einatmen, ausatmen ... Ich setzte mich auf den Stuhl, bereit, jeden Augenblick aufzuspringen. »Was genau hast du mit mir vor?«, fragte ich ängstlich.
»Was ich mit dir vorhabe? Ich mache einen Weltmeister aus dir, das ist alles«, sagte Stefan. Und, ratsch, ehe ich merkte, wie mir geschah, hatte er mir auch schon eine Haarlocke abgeschnitten.
»Genau. Und jetzt zeig mir mal deine Zunge!«
»Wann bekommen wir die Ergebnisse von dem ganzen Wochenende?«, fragte ich.
»Aaah!« Er machte mir vor, wie ich meine Zunge rauszustrecken hatte. Igitt, dieser Mundgeruch! Schnell streckte ich die Zunge vor. Mit einem Glasplättchen schabte er darüber. »Auch schon fertig und dann noch schnell dein Arm, bitte.«
Wenn er jetzt eine Spritze nimmt, bin ich weg, dachte ich. Meine Augen schossen hin und her.
»Was ist denn mit deiner Hand passiert?«, fragte er erstaunt.
»Habe ich mir an der Wand aufgeschabt. Ich konnte heute Nacht die Toilette nicht finden.« Nur gut, dass ich mir mit Bo schon eine Ausrede zurechtgelegt hatte.
Er pfiff zwischen den Zähnen hindurch. »Tut's weh?«
»Überhaupt nicht«, antwortete ich.

Es gab noch einen winzig kleinen Piks mit einer Stecknadel wegen eines Tropfen Bluts, dann schabte er hier und da noch etwas an mir herum und schließlich bekam ich ein kleines Plastikgefäß mit Deckel in die Hand gedrückt.
»Jetzt darfst du«, sagte er, während er sich schon wieder irgendwas notierte. »Ein paar Tropfen auffangen und mir wieder reinbringen.«
»Auf der Toilette?«, fragte ich.
Er schaute zerstreut hoch. »Wo denn sonst? Etwa hier?«

16

Ich ging rasch zur Außentür. Ja, in der Ecke des kleinen Eingangsbereichs standen die Kisten. Es waren mittlerweile fünf. Sie ließen sich gut stapeln, sehr wacklig würde es also nicht sein. Aber trotzdem, springen ohne Anlauf! Beim Hochsprung lag immer eine schön dicke Matte auf dem Boden. Wie viel konnte ein Rücken vertragen? Am Ende schlug ich noch völlig verkehrt auf dem Boden auf. Ich ging nachdenklich zur Toilette, blieb dann aber abrupt stehen.
Schlagartig fühlte ich, wie das Adrenalin durch meinen Körper jagte. Wieso nicht sofort? Gab es einen besseren Augenblick als jetzt? Nein! Ohne nachzudenken, rannte ich zurück zum Eingangsbereich. Ich warf den Plastikbecher auf den Boden, öffnete die Tür und stellte die erste Kiste dazwischen. Ich nahm die zweite, eilte nach draußen und stellte sie in die Ecke des Zauns.
»Bitte, bleibt noch einen Augenblick weg!«, flehte ich.
Ich rannte zurück, stieg über die erste Kiste und nahm zwei neue. Wo Stefan wohl gerade war? Wenn ich jetzt erwischt wurde, konnten wir den ganzen Plan vergessen. Eine Riesendummheit, die ich hier machte! Ich flitzte um die Kurve und stellte die beiden Kisten auf die erste. Mist, ich hörte Stefans Stimme! Mir blieb keine andere Wahl, ich ergriff die

vierte Kiste und diejenige, die die Tür offen hielt. Die Tür hatte einen Schließer, innerhalb von drei Sekunden war sie zu und von außen nicht mehr zu öffnen. Ich schaute wie gelähmt zu ihr hin. Keine Jacke, kein Schlafsack, um mich gegen den Stacheldraht zu schützen! Dann rannte ich zu den anderen Kisten und stellte die letzten beiden obenauf.
Der Stapel war längst nicht so hoch, wie ich es mir vorgestellt hatte. Aber es musste reichen.
Nun stand ich vor einem neuen Problem. Habt ihr schon mal versucht einen Stapel von fünf Kisten hinaufzusteigen? Die Schwierigkeit ist, dass man sich nicht dranhängen kann, denn dann kippen sie alle um. Aus demselben Grund kann man auch nicht hinaufspringen, ich spreche da aus eigener Erfahrung.
Während ich mich abmühte, schaute ich immer wieder zur Tür. Vielleicht glaubte Stefan ja, ich hockte noch auf dem Klo.
Vier Kisten, das müsste ich schaffen. Ich holte die oberste herunter, kletterte auf den Stapel, bückte mich, tiefer, noch tiefer, und griff die fünfte Kiste. Was ich dann zu tun hatte, war eher etwas für Akrobaten: Ich musste Kiste Nummer fünf auf den Stapel packen und dabei selbst auf Kiste Nummer vier stehen bleiben. Ich weiß nicht mehr, wie es mir gelungen ist – ich muss wohl einen Augenblick lang in der Luft gehangen haben –, aber auf einmal stand ich. Ich schaute hoch und sah gleich, welchen Fehler ich gemacht hatte: Der Stacheldraht stand ein Stück vor, ich hätte die Kisten also weiter vom Zaun abrücken müssen. Jetzt hing

der Stacheldraht wie eine Zimmerdecke über mir, sodass an Springen nicht zu denken war.
Ich schaute zur Tür, wie lange hatte ich noch? Konnte ich den Stapel verschieben? Nein, das wagte ich nicht, also entschied ich mich für die andere Möglichkeit: unter dem Stacheldraht hindurchkriechen. Das musste gehen, er war nur an einigen Stellen am Zaun befestigt. Ich fasste den Draht irgendwo einfach mit meiner rechten Hand an und zog, zog, zog. Es war, als hinge das ganze Knäuel über mir, doch es funktionierte, langsam, aber sicher entstand eine Öffnung. Ich zwängte meinen Kopf hindurch und in dem Moment hörte ich, wie die Tür aufging.
»Bist du verrückt geworden?«, rief Stefan.
Ich ließ mich einfach gleiten, so wie im Schwimmbad, wenn man schön auf dem Bauch die Rutsche runterschlittert, den Kopf voran. Krrrrk, das waren meine Klamotten. Ich sprang. Rollen, dachte ich noch, rollen! Ich zog den Kopf ein, rollte und lag auf der anderen Seite des Zauns. Wie ein Stromstoß durchzuckte mich der Schmerz, einen Moment lang wurde mir sogar schwarz vor Augen, aber in Ohnmacht fiel ich nicht.
Aufstehen und rennen. Wie weit, einen halben Kilometer? Dafür brauchte ich eine Minute. Stefan konnte niemals in einer halben Minute seine Autoschlüssel holen, die Einfahrt öffnen, das Auto starten, nein, bis dahin hatte ich auf jeden Fall schon die Polizei ... Mit einem Ruck blieb ich stehen. Ich sank auf die Knie und brüllte vor Wut. Ich hatte den allergrößten Fehler überhaupt begangen und vielleicht auch den

letzten: Ich mit meinem dummen, leeren, zurückgebliebenen Kopf war OHNE HANDY GEFLOHEN!
Was soll's, dann bleib ich eben einfach hier sitzen, dachte ich. Kommt und holt mich nur, ich geb auf.
Aufgeben, bevor man verloren hat, ist unsportlich und lasch.
Aber ich hatte mittlerweile doch schon verloren, oder?
Ich schaute mich um. Das Tor zur Einfahrt war immer noch zu.
Langsam stand ich auf und fing an zu laufen, nein, zu rennen, und zwar schneller, als ich jemals gerannt war. Ich hatte keinen Plan, wohin ich lief, alles sah hier so gleich aus. Ich sprintete durch eine Art Polarwüste aus Gras. Wenn Stefan einen Jeep besaß, mit dem er über holpriges Gelände heizen konnte, dann hatte er mich sofort am Wickel. Mein Atem wurde pfeifend, das ist bei mir immer das Zeichen, dass ich nicht mehr genug Luft bekomme. Wieder hörte ich meinen Trainer im Kopf: »Der erste Schritt beim Tausendmeter- ist ganz anders als der erste Schritt beim Hundertmeterlauf!«
Natürlich wusste ich, was er meinte, bei kurzen Distanzen gibt man von Anfang an alles, was man hat, man powert sich in kürzester Zeit völlig aus. Das ist gerade die Kunst, dass man zu einer Kraftexplosion fähig ist. Aber bei langen Entfernungen verteilt man seine Energie, man regelt die Atmung, man sucht einen Rhythmus. Ich wusste das, ich befolgte es auch immer, nur jetzt nicht. Ich hatte fast nicht geschlafen, mein Magen war leer, mein Körper tat weh und doch gab ich alles, was ich hatte. Ich sprintete, als brauchte

ich nur vierhundert Meter zu machen. Und nach vierhundert Metern wieder, und wieder.
Mittlerweile hörte sich meine Atmung wie eine Kreissäge an. Gleich platzt mir bestimmt ein Lungenflügel!, dachte ich. Es ist auch schon mal ein Leichtathlet einfach tot umgefallen!
Weiter, weiter! Irgendwo musste die bewohnte Welt ja anfangen! Ich war doch in Europa und nicht irgendwo in der Wüste, oder?
Ab und zu blickte ich mich um, aber ich sah nichts. Vielleicht wurden Bo und Nina ja für meine Aktion bestraft. Ich schaute wieder hinter mich, trat falsch auf und fiel. Einen Moment lang hielt ich mit geschlossenen Augen am Boden inne. Mein Herzschlag hämmerte mir in den Ohren. Ich wäre so unendlich gern liegen geblieben.
Dann hörte ich einen Motor. Ich hob den Kopf und sah ein schwarzes Auto. Es fuhr schnell und holperte nicht, also musste es da wohl eine Straße geben. Es konnte Stefan sein, musste es aber nicht; ich hatte keine Ahnung, was für ein Auto er fuhr. Jedenfalls war ich nicht zu sehen, denn mein Schutzengel hatte mich gerade rechtzeitig stolpern lassen. Ich blieb liegen, bis das Auto ganz außer Sichtweite war.
Aufstehen, Robert!
Mein Fuß tat höllisch weh, ich hatte ihn mir schon mal verstaucht und erkannte den Schmerz wieder.
Los, weiterlaufen!
Ich kann nicht mehr, dachte ich, ich kann wirklich nicht mehr ...

»Wenn du glaubst, du bist völlig erledigt, dann bist du gerade auf der Hälfte!«, sagte mein Trainer.
Er hatte gut reden. Jemand schien mir heimlich Gewichte an die Füße gebunden zu haben, jeder Schritt kostete mich so viel Mühe! Während ich mit mir kämpfte, behielt ich den Horizont im Auge, für den Fall, dass das schwarze Auto zurückkam.
Und dann, ganz in der Ferne, sah ich ein rotes Dach. Es bewegte sich, ein Lieferwagen! Er kam nicht von der Hühnerfarm, also konnte es nicht Stefan sein, und er fuhr auch nicht dorthin. Wahrscheinlich gab es da hinten noch eine Querstraße. In welche Richtung musste ich laufen, wo konnte ich ihn abfangen?
»Hilfe!«, schrie ich. Ich war so heiser wie ein Schaf. Ich wedelte mit den Armen in der Luft herum, während ich weiterrannte. Ja, da verlief eine Straße. Noch fünfhundert Meter, ich musste unbedingt eher da sein als der Wagen. Ich biss die Zähne zusammen und gab alles. Direkt vor der Straße stürzte ich wieder, meine Knie knickten einfach ein. Aber das machte nichts, hier konnte man mich sehen. Er würde anhalten. Ich war gerettet.

Es war ein roter Kleintransporter mit einem fensterlosen Laderaum. Zuerst dachte ich, zwei Männer säßen darin, dann ein Mann und eine Frau, aber wie sich herausstellte, war es ein Mann mit einem großen schwarzen Hund. Ich stand auf und winkte. Einen Augenblick lang dachte ich, er würde weiterfahren, aber nein, er blieb stehen.

»Vielen Dank!«, flüsterte ich.
Ich näherte mich dem Auto in der Hoffnung, der Mann würde nicht doch noch aufs Gas drücken, weil ich so fürchterlich aussah.
»Guten Tag.« Ich war kaum zu verstehen, weil ich so keuchte. »Würden Sie mich bitte, bitte von Ihrem Handy aus telefonieren lassen?«
Der Mann hatte einen Schnurrbart, der so dick war, dass ich seinen Mund nicht sehen konnte. Er machte ein besorgtes Gesicht, während der Hund weiter geradeaus durch die Frontscheibe schaute, als hätten sie überhaupt nicht angehalten.
»Na, Junge, was ist los?«, fragte der Mann.
Er klang so freundlich, dass ich beinahe weinen musste. »Ich habe hier ein Stück weiter, wir haben ...« Die Geschichte war zu idiotisch, um sie mal eben so zu erzählen. »Eine Bande von Jungs hat mich zusammengeschlagen und hierher verschleppt!«
»Wie scheußlich«, meinte der Mann entsetzt. »Nein, wie scheußlich!«
Ich schaute, ob ich irgendwo in der Ferne Stefan sah. Der Mann sagte noch einmal, wie scheußlich er das fand, während er meine Kleidung musterte. Oder das, was davon übrig geblieben war, denn der Stacheldraht hatte wirklich ganze Arbeit geleistet.
»Darf ich bitte mal kurz telefonieren?«, fragte ich.
»Mein Junge, ich gehöre noch zur alten Schule, so ein Ding besitze ich nicht«, sagte er.

Ich schloss die Augen. Alle Menschen haben ein Handy, dachte ich verzweifelt. Alle bis auf einen, und ausgerechnet den muss ich erwischen!

»Weißt du was, ich fahre ohnehin in die Stadt«, sagte der Mann. »Ich kann dich da rasch bei der Polizei absetzen. Du musst allerdings nach hinten, denn Astor fürchtet sich im Dunkeln. Du doch bestimmt nicht, oder?«

»Ach was!«, rief ich. Wenn ich hier nur wegkam. Und ohne Fenster konnte Stefan mich zumindest nicht sehen, falls er vorbeifuhr.

Der Mann öffnete die hintere Tür. Nur ein großer Metallkoffer befand sich darin, sonst war der Laderaum leer.

»Gib mir den mal«, sagte er.

Als ob ich in seinen Sachen herumschnüffeln würde! Ich schob den Koffer zu ihm hin und setzte mich mit dem Rücken an die Seitenwand. Er schlug die Tür zu und da war sie wieder, die dicke pechschwarze Dunkelheit.

Während wir fuhren, versuchte ich mir schon mal zurechtzulegen, was ich nachher der Polizei erzählen würde. Unterdessen hörte ich den Mann mit seinem Hund reden. Ich fand es lieb, aber auch ein bisschen traurig. Na ja, immerhin hatte er mich gerettet.

Viel schneller, als ich erwartet hatte, hielt der Mann an. Ich hörte seine Tür auf- und zugehen. Wo waren wir, was war hier los? »Hallo?«, rief ich.

Dann hörte ich ein Quietschen. Ich glaubte zu wissen, was das war, aber ich wollte es nicht glauben. Die Autotür schlug zu und wir fuhren langsam weiter.

»Lassen Sie mich raus!«, schrie ich. Voller Panik hämmerte ich mit beiden Fäusten gegen die Wand zwischen dem Laderaum und der Fahrerkabine. »Lassen Sie mich raus, lassen Sie mich raus!« Ich fühlte, wie die Wunden an meiner Hand wieder aufbrachen und mir das Blut in den Ärmel lief.
»HILFE!«
Dann standen wir still.

17

Meistens dauert eine Sekunde einfach nur eine Sekunde, aber manchmal scheint sie auch eine ganze Stunde zu dauern, Ehrenwort. Meinem Gefühl nach habe ich mindestens eine ganze Woche da hinten im Laderaum gesessen, aber hinterher stellte sich heraus, dass es nur etwa dreißig Minuten gewesen waren. Ich tastete erst nach der Tür und versuchte das Schloss aufzubekommen. Dann schaute ich, ob es in der Zwischenwand nicht irgendwo ein Fenster gab. Und dann konnte ich einfach nur noch weinen.

Ich wusste ganz genau, wo ich mich befand: Dieses Quietschen war das Eingangstor gewesen. Wir waren hineingefahren und standen jetzt wieder vor der Hühnerfarm. Der Mann hatte vorhin überhaupt nicht mit seinem Hund geredet, sondern telefoniert! Er hatte Stefan angerufen, der saß in seinem Auto, wo er ganz normal Empfang hatte. »Du kannst umkehren, ich hab den dummen Kerl gefunden!«

Tut mir leid, Bo. Tut mir leid, Nina. Tut mir leid, Barbara!

Plötzlich wurde die Ladeklappe geöffnet, das Licht knallte mir ins Gesicht. Ich sah nichts. Vorsichtig rutschte ich aus dem Wagen und knickte sofort mit meinem verstauchten Fuß ein. Dann sah ich den Mann mit dem Schnurrbart. Mit äußerster Vorsicht trug er den Metallkoffer, verstaute ihn im

Laderaum, schwang sich hinters Steuer und raste los. Als er durch das Tor war, bremste er so stark, dass er ins Rutschen kam. Er stieg aus und schloss das Tor hinter sich. Das alles ging so schnell, dass ich es erst begriff, als er wieder losfuhr.

Was nun? Die Kisten standen noch an der Wand. Ich kratzte mein letztes bisschen Energie zusammen und ging wie ein Zombie auf sie zu. Ich würde einfach noch einmal über den Zaun klettern und dann wieder losrennen und wieder ... Aber als ich vor dem Stapel stand und die oberste Kiste zurück auf den Boden stellen wollte, konnte ich sie nicht hochheben. Echt wahr! Ein Baby kann so eine Kiste mit einer Hand umwerfen und dabei noch fröhlich krähen, aber ich bekam sie noch nicht mal mehr angehoben. Ich war vollkommen erschöpft.

Dann rief jemand: »Robert!«

In der Türöffnung stand Nina. »Ich bin allein.«

Was sagte sie da?

»Komm! Ich glaube, außer uns ist niemand mehr hier.«

Ich lehnte mich völlig verdattert gegen den Kistenstapel. Der donnerte natürlich um und ich mit ihm.

»Ich kann nicht mehr!«, stöhnte ich.

Irgendwann wachte ich wieder auf, weil mir jemand Wasser in den Mund träufelte. Gut! Ich spitzte die Lippen wie ein Baby, das seinen Schnuller sucht. Dann fühlte ich einen Becher. Vielleicht enthielt er Gift? Mir egal, ich trank ihn in einem Zug leer und öffnete erst dann die Augen.

»Du hast mich vielleicht erschreckt, du Doofkopp!« Nina hatte sich über mich gebeugt.
»Wir müssen hier weg!«, krächzte ich heiser.
Nina hievte mich halb hoch. »Soweit ich das sehe, ist keiner mehr da. Ich verstehe wirklich gar nichts mehr. Und wieso bist du überhaupt wiedergekommen, hast du wenigstens die Polizei benachrichtigt?«
Ich schaute mich um. »Ist vorhin ein Mann mit Schnurrbart hier drinnen gewesen?«
»Ja, irgendwer war hier. Er rannte kurz durch den Flur, ist in ein paar Zimmer gegangen und dann war er wieder weg. Ich habe ihn nur von hinten gesehen. Wer war das denn?«
Ich stand mühsam auf, wobei ich mich schwer auf sie stützte. »Vielleicht können wir davonlaufen. Wir müssen nachsehen, ob das Tor zu ist«, meinte ich.
»Hab ich schon gemacht«, sagte sie.
»Und?«
»Zu.«
Nina half mir ins Haus. Sie hatte ihre Weste zwischen die Tür gelegt, damit sie nicht ins Schloss fiel. Zusammen gingen wir in unseren Raum. Ich warf einen Blick auf die Kamera, aber ich war zu müde, um noch vorsichtig zu sein.
»Was ist mit Bo passiert?«, fragte ich, obwohl ich mir nicht sicher war, ob ich die Antwort überhaupt hören wollte.
»Stefan hat dich über das Tor klettern sehen und wollte dich zurückholen, aber Bo hat ihn von hinten festgehalten und gebrüllt und getreten und danach hat er sich auf einmal nicht mehr gerührt.«

Ich wagte kaum zu atmen. »Hast du einen, äh ... gab es einen ... Schuss?«

Nina erschreckte sich zu Tode. »Woran denkst du? Ich glaub, er hat ihn bloß betäubt, mehr nicht!«

»Ja natürlich, das hab ich doch auch gemeint«, erwiderte ich schnell.

»Sicher?«

»Natürlich«, bekräftigte ich noch einmal.

Nina nickte beruhigt. »Und mehr weiß ich auch nicht. Ich bin, so schnell ich konnte, auf die Toilette gerannt und hab mich eingeschlossen. Ich dachte, gleich greift er mich an. Dann hörte ich alle rufen und den Flur entlanglaufen, und dann war es mit einem Mal mucksmäuschenstill.«

Waren das gute oder schlechte Neuigkeiten? Waren sie weg, und wenn ja: mit oder ohne Bo?

»Und Barbara?«

Nina zuckte kurz mit den Achseln. »Hast du die Polizei angerufen?«, fragte sie dann.

Ich schämte mich in Grund und Boden. Betreten schüttelte ich den Kopf, während ich auf meine zerrissenen Hosenbeine schaute.

»Und wieso nicht?«

Da war gerade besetzt, mein Guthaben war alle, ich wurde von einem Haufen Jungs überfallen, die mir mein Handy weggenommen haben ...

»Ich hatte vergessen, dass du mein Handy hast.«

Sie zog ein Gesicht, als würde sie »Wie bitte?« sagen, aber sie schwieg.

Ich schaute auf das verhasste rote Lämpchen an der Decke. Wurden wir weiterhin beobachtet? Waren wir gerettet oder steckten wir immer noch mittendrin?

»Wer kommt denn auf die Idee zu fliehen ohne ...«

»Ja, ja, ja, ohne sein Handy!«

Sie musste es erst mal wegstecken, aber dann sagte sie: »Trotzdem war es eine geniale Aktion.«

»Was man so genial nennt«, murmelte ich.

Jetzt schaute sie auch zur Deckenkamera. »Meinst du, hier ist noch jemand?«

Ich dachte nach. Wenn noch einer hier war, was würde der dann tun? Was hatte es für einen Sinn, uns jetzt noch zu beobachten?

»War es schwierig, über das Tor zu kommen? Kann ich das auch?«, fragte Nina.

»Du schon, aber ich nicht mehr«, sagte ich ehrlich. »Ich knicke sofort weg.«

Wir schwiegen eine Weile. Ich schüttelte den Kopf, denn ich fühlte, dass ich jeden Moment einschlafen würde.

»Wir dürfen nicht einfach nur rumsitzen und Däumchen drehen«, meinte ich.

»Sollen wir nachschauen, ob Barbara noch da ist?« Nina schielte wieder zur Kamera.

Ich nickte. »Hilfst du mir beim Gehen?«

Sie streckte den Arm aus und lachte. »... fragte der Athlet!«

Wir gingen zuerst durch den Flur. Na ja, gingen ... Nina trug mich fast, so schwer musste ich mich auf sie stützen. Wir

schauten unentwegt hierhin und dorthin, als könnte jeden Augenblick ein Monster aus der Wand springen. Ein Monster in Form von Stefan beispielsweise.
»Weißt du, weshalb Bo auf einmal so still war?«, fragte ich leise.
Sie schüttelte den Kopf. Vor Barbaras Tür zögerten wir. Es kam uns vor, als ob das Kameralämpchen mit doppelter Geschwindigkeit flackerte. Vielleicht war es doch das Beste, noch mal zu fliehen, und zwar diesmal *mit* Handy. Aber ich wusste, ich würde es nicht schaffen, ich war zu schwach und mit dem verstauchten Fuß kam ich allein keine zehn Meter weit. Ich klopfte: *Alle meine Ent-chen ...*
Sofort, wirklich sofort bekamen wir Antwort.
»Barbara!«, rief ich.
Sie rief etwas zurück, aber wir konnten sie nicht verstehen. Offenbar war diese Wand hier dicker als die ganzen Zwischenwände.
»Mein Handy«, fiel mir ein.
»Unter meinem Kopfkissen!« Nina rannte weg. Ich klopfte wieder und Barbara antwortete. Erneut schaute ich zu der Kamera hinauf. Wo steckten sie, was machten sie?
Ich dachte an das, was Nina gesagt hatte: *Wer kommt denn auf die Idee, ohne Handy zu fliehen?* Das dachte ich nicht einfach nur so, irgendetwas war damit. Ich musste eine Schlussfolgerung ziehen, aber ich wusste nicht, welche.
Wer kommt denn auf die Idee, ohne Handy zu fliehen?
Und dann wusste ich es. Die Antwort lautete: niemand! Ich meine, darauf kommt man doch nicht: fliehen ohne sein

Handy? Stefan muss geglaubt haben: Robert rennt fünfhundert Meter, dazu braucht er eine Minute, und dann ruft er die Polizei. Wir sind entdeckt! Wir müssen machen, dass wir hier wegkommen!
Stefan war weg, alle waren weg, ich war mir sicher: In diesem schwarzen Auto hatte Stefan gesessen.

18

Als Allererstes simsten wir Barbara, er sei weg.
Sie schrieb zurück, dass sie das schon wüsste, denn sie hätte Stefan rufen hören: »Wir haben erst einen fertig! Ich verduf-te!«
Nina und ich schauten uns an.
»BO!«, schrie Nina entsetzt.
Ich wollte durch den Flur rennen und, so fest ich konnte, gegen alle Türen hämmern, aber ich konnte nicht mehr rennen und auch nicht mehr hämmern.
Trr, Nachricht von Barbara.

> Denke, Betäubungsspritze.

»Weißt du, was das bedeutet?«, fragte ich Nina.
»Damit haben sie ihn bewusstlos gemacht«, sagte sie.
Wir horchten. Kam aus einer der Türen irgendein Geräusch?
»Wir müssen etwas tun! Vielleicht liegt er jetzt hinten in Stefans Kofferraum, wir müssen die Polizei alarmieren, dann können sie ihn an der Grenze abfangen!« Nina stieß einen verzweifelten Schrei aus und wiederholte dann noch einmal genau das, was sie zuvor gesagt hatte.
»Traust du dich über den Zaun?«, fragte ich.

»Nein!«, antwortete sie sofort.
Ich dachte an Bo. »Dann gehe ich.«
Wir schleppten uns durch den Flur, aber nach ein paar Metern blieb Nina stehen. »Das wird nichts, eine Schnecke kann besser laufen als du.«
Ich wollte ihr gerade erklären, dass Schnecken keine Beine haben, dass sie aus einem anderen Grund langsam sind und dass sie ...
»Ich werde gehen«, entschied sie.
Und von dem Moment an hielt sie den Mund. Ich denke, sie hatte eine solche Angst, dass sich ihr Kiefer verkrampfte. Sie holte mir einen Stuhl, den ich als Gehhilfe benutzen konnte. So bewegten wir uns auf den Kistenstapel zu. Die Öffnung, die ich in den Stacheldraht gemacht hatte, war noch deutlich zu sehen.
»Du hast mein Handy doch dabei, oder?«, fragte ich.
Sie nickte und kletterte auf den Stuhl.
»Abrollen, sobald du unten aufkommst, und nicht auf den Händen landen, sonst brichst du dir die Gelenke!«
Sie warf mir einen wütenden Blick zu. Halt den Schnabel, hieß das. Sie drehte sich noch einmal um, streckte die Hand nach oben, zwängte wie ich zuvor vorsichtig den Kopf unter dem Stacheldraht hindurch und schob sich weiter über den Zaun. Ich hörte einen Aufprall und gleichzeitig ein Fluchen. Nina war gelandet.
Ich wartete eine Weile und fragte dann: »Wie geht es dir?«
»Ausgezeichnet, zufrieden!?«, rief sie.
»Ich warte hier auf dich!«, rief ich zurück.

Ich bereute mein Versprechen schon bald, so kalt war es draußen. Ich konnte weder springen, um mich warm zu halten, noch großartig die Arme um mich schlagen. In meinen Gedanken rannte ich mit Nina mit. Fünfhundert Meter, das waren ungefähr siebenhundert Schritte.

Vielleicht sollte ich kurz zu Barbara laufen und ihr simsen, was wir vorhatten. Ach nein, Nina hatte mein Handy. Und das mit dem Rennen konnte ich ohnehin vergessen.

Wie lange das dauerte! Und währenddessen lag Bo hinten in irgendeinem Kofferraum und wurde durchgeschüttelt! Ob er schon aufgewacht war?

Nina musste inzwischen telefoniert haben. Siebenhundert Meter zurück, wieder lief ich im Kopf mit ihr mit. Jetzt erst wurde mir bewusst, dass sie gleich auf der anderen Seite des Zauns würde warten müssen, denn hineinzuklettern war unmöglich.

Ich war gerade dabei, zum vierten Mal bis siebenhundert zu zählen, als ich sie auf der anderen Seite hörte.

»Robert!«

»Ja!«

»Sie schicken irgendwen vorbei!«

»Irgendwen?«

»Ja, das hat die Frau gesagt!«

»Eine Frau hat gesagt, sie schicken irgendwen vorbei?«

»Was?«

»Hat die Frau gesagt, sie schicken irgendwen vorbei, also nur eine Person?«

»Ja!«

Ich hatte eher an einen Hilfstrupp und Hubschrauber gedacht.
»Ist dir kalt?«, fragte ich.
»Ziemlich, ja!«
»Warte, ich bin gleich wieder da!«
Mithilfe des Stuhls schleppte ich mich ins Haus. Ich holte einen Schlafsack und versuchte ihn über den Zaun zu werfen. Natürlich öffnete er sich in der Luft, um danach sanft wie ein Fallschirm auf dem Stacheldraht zu landen.
»Lass nur, Robert!«, rief Nina.
Wenn ihr wüsstet, wie schlecht ich gehen konnte, würdet ihr begreifen, wie lange das alles insgesamt gedauert hat. Und immer noch keine Spur von der Polizei. Bo konnte längst über die Grenze verschleppt worden sein.
»Nina, vielleicht solltest du noch mal anrufen!«, rief ich.
Sie antwortete nicht, denn nun hörten wir endlich, endlich ein Auto kommen. Jetzt hieß es hoffen, dass es auch das richtige war.
Eine Tür wurde zugeschlagen. Nina unterhielt sich mit einem Mann.
»Was sagt er?«, rief ich. Ich bibberte mittlerweile vor Kälte und konnte kaum noch sprechen.
»Wir kommen!«, rief Nina.
Und wahrhaftig, das Tor öffnete sich. Gleich darauf kam Nina – nicht mit einem, sondern mit zwei Polizisten. Der eine war auch nicht einfach »irgendwer«, sondern sah aus wie der Weltmeister im Kickboxen, und der andere Polizist war eine Polizist*in*.

»Sie müssen so schnell wie möglich Alarm schlagen!«, rief ich. »Diese Leute haben Bo mitgenommen!« Ich hinkte auf sie zu.
Die beiden schienen alle Zeit der Welt zu haben, jedenfalls stellten sie sich erst einmal in aller Ruhe vor. Der Mann hieß Flip und die Frau ... ich weiß nicht mehr. Nina und ich fingen beide gleichzeitig an zu erzählen, hielten auch gleichzeitig wieder den Mund und sprudelten danach gleichzeitig wieder los.
»Daraus kann ich mir nichts zusammenreimen«, sagte Flip. Flip. So ein Riese von Kerl und dann dieser Name! Eigentlich wirkte er überhaupt nicht wie ein Polizist. Er trug weder Uniform noch Mütze und auch keinen Schnurrbart. Nicht, dass das nötig gewesen wäre, aber dennoch ...
»Erzähl du es ihnen, ich gehe und sag Barbara Bescheid, dass Hilfe da ist.« Nina rannte weg, die Polizisten wechselten einen kurzen Blick und schon eilte die Frau hinter Nina her.
Waren die beiden echt oder gehörten sie etwa auch zu dem Komplott? Nina hatte doch hoffentlich einfach die 110 angerufen, oder?
»Darf ich mal Ihre Marke sehen?«, fragte ich.
Darüber musste Flip herzlich lachen, genau wie Stefan immer! Nichts wie weg! Fieberhaft dachte ich nach. Ich schielte an ihm vorbei. Das Tor stand jetzt offen, konnte ich trotz meiner Schmerzen fliehen?
»Entschuldige«, sagte er schnell und schaute wieder ernst. »Sehr gut, doch, ja! Man kann nicht vorsichtig genug sein

heutzutage.« Aus seiner Hose holte er eine Brieftasche und darin steckte tatsächlich seine Marke.

Ja, ja, zwei Euro fünfzig im Scherzartikelladen!, würde meine Mutter sagen.

»Gut, was genau ist passiert?«, fragte Flip.

Ich hatte keine andere Wahl. Ich musste ihm einfach vertrauen. Die Zeit drängte. Bo war in Gefahr! Ich holte tief Luft und erzählte alles, was ich wusste, während Nina vom Flur aus irgendwas durch die Tür schrie, was Barbara wahrscheinlich sowieso nicht verstand.

Ich redete und redete und das Verrückte war, dass dieser Flip mich einfach immer nur freundlich anschaute. Ich an seiner Stelle hätte mich sehr erschreckt bei so einer Geschichte und sofort Alarm geschlagen, aber er murmelte nur ab und zu: »Soso.«

»Und dann hat Nina die Polizei gerufen«, sagte ich schließlich.

Er strich sich mit der Hand übers Kinn, als würde er sich fragen, ob er sich heute auch wirklich rasiert hatte.

»Sie müssen etwas tun, Bo ist in Gefahr!« Ich blinzelte, weil ich mittlerweile alles nur noch verschwommen sah.

»NEIN! ZWEI POLIZISTEN!«, hörten wir Nina brüllen.

»Lass uns mal zu den anderen gehen«, sagte Flip.

Schwerfällig stand ich auf und nahm meinen Gehhilfe-Stuhl. Flip sah, wie mühsam das alles für mich war.

»Setz dich mal«, sagte er und dann stellte er sich hinter mich und trug mich mitsamt dem Stuhl vor sich her! Wie ein ägyptischer König saß ich auf meinem Tragesessel.

»Normalerweise laufe ich diesen Flur in fünfzig Sekunden«, sagte ich verlegen.
An seinem Lachen hörte ich, dass ich ihm doch allmählich schwer wurde. Wir kamen gerade rechtzeitig, um zu sehen, wie die Polizistin Barbaras Tür mit einem Dietrich öffnete.

19

Man hätte denken können, Barbara wäre schluchzend und jammernd aus ihrem Zimmer gekommen, mit zerzausten Haaren und Ringen unter den rot geweinten Augen. Von wegen. Man sah ihr überhaupt nichts an! Sie ging auf die Beamten zu und stellte sich artig vor.

»Alles in Ordnung?«, erkundigte sie sich bei uns.

»Wo ist Bo? Meinst du, sie haben ihn entführt?«, fragte ich schnell.

Die Polizistin war schon dabei, alle anderen Räume zu durchsuchen. Ich schob mich mit meinem Stuhl in das nächste Zimmer. An der Wand stand ein Tisch mit einem Computer und nicht weniger als drei Laptops. Eine ganze Reihe von Monitoren hing darüber, auf einem erkannte ich den Flur, auf einem anderen unseren Aufenthaltsraum und auf wieder einem anderen Bildschirm konnte man das Gebäude von außen sehen.

»Dann werde ich jetzt wohl mal ein Telefonat führen«, sagte Flip und rannte nach draußen, noch bevor wir ihm erklären konnten, dass man hier kein Telefonat führen konnte.

Barbara hatte den Computer schon eingeschaltet. »Ach, sieh mal, die verwenden LSU, das ist besonders schwer zu knacken!«

Trrr, gingen ihre Finger über die Tasten. »Aber nicht für mich, ich bin schon drin. Mal schauen ...«
Nina hatte einfach auf irgendeinen Knopf gedrückt und plötzlich sah ich mich selbst auf allen Monitoren: rennend mit Nina, lachend mit Bo, durch den Gang schleichend ... Alles war aufgezeichnet, alles hatten sie gesehen.
»*Was?*«, rief Barbara.
»Was ist?«, fragte ich, während ich mich neben sie setzte.
Im selben Augenblick rief die Polizistin: »Hier liegt ein Junge und schläft!«
Bo!
Nina rannte hin. Ich stand auf und wollte ihr folgen, sank aber sofort wieder zurück auf den Stuhl. Auch mein gesunder Fuß wollte jetzt nicht mehr.
»Wieso: *was?*«, fragte ich Barbara.
»Du glaubst es nicht!«, murmelte sie, während sie auf den Monitor starrte.
»Was ist denn?«, fragte ich irritiert.
»Ich hätte es wissen müssen!«
Ich fasste sie unters Kinn und drehte ihr Gesicht zu mir. »Was – ist – los?«
Barbara hatte mich vollkommen vergessen, das sah ich an ihrer Miene. Sie lachte. »Robert, sie wollten uns nicht verkaufen. Na ja, im Grunde schon, aber ... Es ging nicht um uns selbst, sie wollten uns nachmachen. Kopieren, verstehst du?«
Es drang nicht wirklich zu mir durch. »Sie wollten uns bloß kopieren ...«, flüsterte ich vor mich hin. »Dazu brauchten sie

all die Fotos, die Untersuchungen und die Stimmtests und so?«, fragte ich. »Um uns nachzubauen?«

»Hier, sie hatten auch schon vier Käufer!«, rief Barbara.

Ich rüttelte an ihrer Schulter. »Barbara, was genau wollten sie mit uns machen?«

»Was?«, fragte sie, ohne den Kopf zu heben.

»Welcher Idiot will schon ein nachgemachtes Kind für dreihunderttausend Euro kaufen?«, fragte ich.

Endlich schaute sie mir ins Gesicht. »Sie wollten uns *klonen*«, half sie mir auf die Sprünge. »Eine einzige Körperzelle reicht dazu schon aus. Ich weiß einiges darüber, irgendwann wurde doch dieses Schaf geklont und darüber habe ich mal ein Referat in der Schule gehalten. Sie nehmen beispielsweise eine Zelle aus deiner Haut und verschmelzen die anschließend mit einem Ei.«

Ich fand gar nichts mehr verrückt.

»Mit einem Ei?«

»Keinem Hühnerei oder so, sondern einer Eizelle aus dem Bauch einer fruchtbaren Frau. Das Ei pflanzen sie anschließend wieder in die Gebärmutter zurück und neun Monate später kommt ein Klon auf die Welt. Und der ist genau, aber auch haargenau so wie du. Eine Art eineiiger Zwillingsbruder, nur eben, ähm, dreizehn Jahre jünger. Hättest du uns also nicht gerettet, dann würden in neun Monaten ein neuer kleiner Robert in Argentinien herumlaufen und eine neue Barbara in Brasilien.«

Ich hörte heulende Sirenen, bei mir im Kopf, aber auch in Wirklichkeit.

»Ein neuer Bo und eine neue Nina.« Barbara schaute wieder auf den Bildschirm. »Deshalb brauchten sie all diese Daten von uns: für den Verkauf. So erfuhren die neuen Eltern haargenau, wie ihr Kind einmal aussehen würde.«
»Die neuen Eltern«, wiederholte ich heiser.
»Ja, ist das nicht clever? Man kann sich genau aussuchen, was für ein Kind man haben will. Keine lästige Schwangerschaft, man bekommt es quasi per Post, und man kann vorher sogar festlegen, ob es ein Mädchen oder ein Junge sein soll, man weiß sicher, dass es gesund und schön ist, intelligent und talentiert ...«
»Hierher mit der Trage!«, hörte ich Flip rufen.
»Deshalb musste Max auch weg, weil er schlecht hörte.« Barbara lachte. »Sie hätten ihn vielleicht auch verkaufen können, allerdings mit Rabatt, wegen seiner kleinen Fehler!«
Ich versuchte mir vorzustellen, wie das wäre: ein zweiter Robert.
»Aha«, sagte Barbara. »Sie haben die Daten vernichtet, aber das hatte ich mir schon gedacht.«
Ich schaute auf einen der Monitore und betrachtete mich selbst. Die Aufnahme war während des Essens gemacht worden. Ich sah tiefunglücklich aus, da hatte ich schon gewusst, dass sie etwas anderes mit uns vorhatten. Ab und zu lachte ich, aber man konnte gut sehen, wie unecht es war. Auf dem Bildschirm daneben sah ich mich selbst etwas erzählen, während Bo und Nina mir lachend zuhörten. Eine Kopie meiner selbst ... Nein, das haute doch nicht hin, das durfte nicht sein!

Barbara steckte eine CD in den Computer und wir sahen eine Art Reklamespot mit Musik und allem Drum und Dran. Es ging um Bo. Als wäre Bo eine neue Geschirrspülmaschine oder so ähnlich!
»Das wollten sie also: für jeden von uns einen Werbefilm machen und uns anschließend verkaufen«, sagte Barbara.
»Aber ich sehe hier nur drei CDs«, bemerkte ich. »Modell eins, zwei und vier.«
»Vielleicht war Modell Nummer drei noch nicht fertig«, meinte Barbara.
»Oder vielleicht war Modell Nummer drei als einziges schon fertig ...«, sagte ich langsam.
Barbara schaute mich an.
In dem Augenblick kam Flip herein, zusammen mit zwei Pflegern mit einer Tragbahre. »Dann mal los, Junge«, sagte er zu mir. »Für heute hast du wirklich genug vollbracht.«
»Sie wollten uns klonen!«, erzählte ich aufgeregt.
Keiner schien mir richtig zuzuhören. »Immer mit der Ruhe! Leg dich jetzt erst mal hin«, sagte einer der Pfleger.
»Zuerst wollten sie alles über uns in Erfahrung bringen, vor allem ob wir gesund sind und keine kleinen Fehler haben«, sprudelte es aus mir heraus.
»Komm schon, Junge.« Flip drückte mich sanft auf die Tragbahre.
»Und falls alles in Ordnung war, wollten sie uns kopieren.«
Widerstrebend gab ich nach und legte mich hin.
»Control & copy«, sagte Barbara. »Tschau Robert, ich schicke dir eine SMS, wenn mein Handy wieder aufgeladen ist.«

Mal sehen, wie soll ich den Rest erzählen?
Als ich im Krankenhaus ankam, saßen meine Eltern schon da. Meine Mutter wiederholte die ganze Zeit: »Ich hab doch *gesagt,* dass an der Sache was faul ist!«
Bis mein Vater meinte, sie solle den Mund halten. »Unser Sohn ist ein Held, sag doch mal was dazu!«, brummte er wütend.
Ich musste noch einige Zeit im Krankenhaus bleiben. Zum einen war mein Gelenkband ernsthaft angerissen und ich bekam einen Gipsverband und Schmerzmittel. Aber sie wollten auch meinen Allgemeinzustand kontrollieren. Schon wieder kontrollieren, dachte ich. *Control & copy.*
Dann kam jemand von der Polizei. Meine Mutter hatte erst seine Marke sehen wollen, damit sie sichergehen konnte, dass zumindest an *dieser* Sache nichts faul war.
Ihm habe ich dann die ganze Geschichte erzählt.
»Müssen Sie gar nichts mitschreiben?«, hatte meine Mutter noch gefragt, aber zum Glück hörte er nicht auf sie, sondern konzentrierte sich ganz auf mich.
Bevor er wegging, sagte er noch: »Du warst großartig. Wenn du zu kaufen wärst, würde ich sofort auf dich bieten!«
Danach habe ich geschlafen, achtzehn Stunden lang, um genau zu sein! Meine Mutter blieb bei mir, sie durfte im Krankenhaus übernachten, weil ich mich nicht mehr traute allein zu sein. Ziemlich kindisch, aber na ja.
Als ich wieder wach war, ging die Tür auf und da waren Bo, Nina, Barbara und Max! Sie waren zusammen mit ihren Eltern und jemandem von der Polizei gekommen, einem

hohen Ermittlungsbeamten. Und meine Mutter hatte mal wieder nichts Besseres zu tun, als ihn gleich nach seiner Marke zu fragen ...

Wir durften in einen eigenen Raum im Krankenhaus und dann erzählte uns der Beamte alles, was er wusste. Zuerst, was die ursprünglichen Pläne gewesen waren: Sie hatten uns tatsächlich klonen wollen. Stellt euch das mal vor! Sie hatten sogar schon vier Leihmütter gefunden. Meine hieß Maria Dupartes. Sie hätte eine Eizelle mit meinen Genen in ihren Bauch bekommen. Und bald hätte dann ein neuer kleiner Robert das Licht der Welt erblickt. Dafür hatte man ihr fünftausend Euro versprochen. Stefan, der fiese Betrüger! Er selbst verdiente dreihunderttausend Euro an dem Geschäft. So viel wollten die neuen Eltern nämlich für einen Sohn wie mich bezahlen. (Hust, hust, dass ihr das nur wisst ...)

Wir alle lachten über Max, weil er sich mit seinen Plattfüßen als unverkäuflich erwiesen hatte. In Wirklichkeit hatte es daran gelegen, dass er so schlecht hörte.

Dann erzählte der Ermittlungsbeamte, sie hätten Stefan gefasst, und zwar kurz vor der Grenze nach Frankreich. Er hätte keinerlei Material zum Klonen dabeigehabt und das sei uns zu verdanken. Sobald er bemerkt hatte, dass ich geflohen war, hatte er Hals über Kopf das Weite gesucht.

»Dieser Herr Vailliere ist ein bekannter Chemiker«, sagte der Ermittler. »Aber keiner konnte natürlich ahnen, dass er seinen Beruf auf diese Weise ausübte.«

»Wer?«, fragte Nina.

»Herr Vailliere«, wiederholte der Beamte.

»Den kennen wir nicht«, sagten wir, aber wie sich herausstellte, war das der tatsächliche Name von Stefan. Von wegen Stern!
»Und der Mann mit dem Hund, der mich zurückgebracht hat?«, fragte ich. »Was ist mit dem?«
»Vermutlich hat es sich wie folgt abgespielt«, sagte der Ermittler. »Der Herr ... nennen wir ihn Stefan, gönnte sich nicht mehr die Zeit, seine Sachen zu packen. Eben so, als würde man aus einem brennenden Haus flüchten. Dann denkt man auch nur noch an eins: Nichts wie weg! Im Auto hat er wahrscheinlich den Mann mit dem roten Lieferwagen angerufen und ihm erzählt, du« – er zeigte auf mich –, »seist geflohen und hättest die Polizei benachrichtigt. Kurz darauf sieht dich der Mann die Straße entlanglaufen ...« – er warf einen Blick auf meinen Gipsfuß – »... äh, entlangstolpern«, verbesserte er sich.
Alle mussten lachen.
»Er begriff schon bald, dass die Polizei noch nicht alarmiert war. Deshalb musste er dafür sorgen, dass du sie nicht doch noch anrufen konntest. Außerdem musste er in Windeseile die Sachen abholen.«
Das also war in dem Metallkoffer gewesen, den er bei sich gehabt hatte!
»Aber ... aber ... dann ist es ihnen womöglich doch noch geglückt?«, fragte ich.
»Alles deutet darauf hin, dass die gesamte Operation vorzeitig abgeblasen wurde. Sie waren noch längst nicht mit allem fertig. Zudem haben wir den lieben Herrn Stefan ja

festgenommen und wir behalten alles scharf im Auge. Es wird nicht mehr lange dauern, bis wir seine Kollegen ebenfalls hinter Schloss und Riegel bringen können. Und diese Leihmütter, die beobachten wir jetzt natürlich auch. Nein, Herrschaften, ich kann im Namen der gesamten Polizeibelegschaft sprechen, wenn ich sage, dass ...«

Und dann redete er noch sehr lange darüber, wie großartig wir waren. Für uns klang das natürlich wunderbar, aber für die anderen war es bestimmt sterbenslangweilig.

Am meisten mussten wir über Max lachen. Geschmeichelt von dem vielen Lob bedankte er sich immer wieder, dabei hatte er das eigentliche Abenteuer ja gar nicht miterlebt!

Ach ja, und dann kamen wir auch noch in die Zeitung, ganz groß, wirklich! Ungefähr an der Stelle, wo sonst vielleicht der Präsident von Amerika steht, oder so.

Tomorrow at the Top hatte auch noch etwas Gutes gebracht: Die ITC-Abteilung der Polizei hatte Barbara eine spezielle Ausbildung angeboten. Nina wurde für ein Jugendjournal interviewt und bekam gleich anschließend eine Rolle in einem Spielfilm. Und Bo und ich sind die besten Freunde geworden. Mein Fuß ist wieder ganz verheilt und ich trainiere gerade für den New-York-Marathon.

Langsam, aber sicher geht alles wieder seinen gewohnten Gang. Ich bin längst nicht mehr der Held des Tages, sondern wieder der ganz normale Robert van Tricht. Und das ist auch gut so.

Córdoba, Argentinien — 2023

Rico saß auf der ersten Reihe der Tribüne. Er würde mindestens Dritter sein, vielleicht sogar Zweiter. Aber das wollte er nicht, er wollte der Erste sein.

»Auf den dritten Platz hat es geschafft ...«

Besonders sein Sprint hatte gut geklappt: Die vierhundert Meter, die waren sein stärkster Part. Die hatte er heute in neunundvierzig Komma sechs Sekunden geschafft.

»Diego Barto!«

Alle klatschten, auch Rico.

»Auf dem zweiten Platz ...«

Ich müsste zufrieden damit sein, dachte Rico. Ein zweiter Platz ist fantastisch.

Er schaute zu seinen Eltern. Selbst aus dieser Entfernung konnte er sehen, dass sie ebenfalls nervös waren.

»Carlos Roma!«

Dann war er Erster oder Vierter oder noch schlechter ...

Durch die Lautsprecher tönten die Zeiten von Carlos. Rico konnte sie nicht verstehen.

Und das, obwohl ich so große Ohren habe, dachte er.

»Und auf dem ersten Platz ...«

Bitte, bitte ...

»Rico Caaz!«

Yes! Rico stieß die Faust in die Luft und ging zur Ehrentribüne.